Music Classroom Practice of Compulsory Education
Research on Teaching Integration

彭 靖 ○著

义务教育音乐课堂实践
基于教学评一体化的研究

上海社会科学院出版社
SHANGHAI ACADEMY OF SOCIAL SCIENCES PRESS

目　　录

引　言 …………………………………………………………… 1
　第一节　研究背景 …………………………………………… 1
　第二节　研究对象 …………………………………………… 9
　第三节　研究现状 …………………………………………… 10
　第四节　研究目的和意义 …………………………………… 12
　第五节　研究方法和框架 …………………………………… 15

第一章　相关名词界定与理论概述 …………………………… 17
　第一节　概念解析 …………………………………………… 17
　第二节　教学评价与音乐教学的关系 ……………………… 25
　第三节　教学评一体化理论在音乐教学中的应用 ………… 33

第二章　音乐课堂实践案例分析 ……………………………… 47
　第一节　实践案例分析与效果评估 ………………………… 47
　第二节　音乐课堂教学设计与实施 ………………………… 52
　第三节　教学评价策略与方法探讨 ………………………… 83

第三章　基于教学评一体化的音乐教学策略 ………………… 129
　第一节　重塑义务教育音乐教学的观念 …………………… 129
　第二节　学科融合视角下重塑学生能力 …………………… 146
　第三节　跨学科视角下的学生动力提升 …………………… 155

第四章　结论与展望 172
第一节　研究成果总结与归纳 172
第二节　研究存在的问题与改进建议 182
第三节　未来展望与发展方向 183

主要参考文献 185

引　言

第一节　研究背景

一、时代背景
（一）政策指引

随着 21 世纪的到来,人们对传统文化的关注和重视逐渐成为社会的共识,弘扬中华优秀传统文化已经成为当今时代的一个重要议题。在教育领域中,美育已然成为全面发展教育中必不可少的环节,是培养青少年审美鉴赏能力的关键路径。这一时代背景下,人们开始重新审视传统文化与艺术培育的价值,尤其是在义务教育领域,传统文化和美感教育的重要性愈发凸显。中国教育长期以来注重科学技术和现代化知识的传授,而忽视传统文化的教育。在全球化和信息化的背景下,人们才开始反思教育的本质,逐渐意识到传统文化在塑造学生综合素养方面的重要作用,从而在教育领域中深刻探索,并将中华优秀传统文化融入课堂,以培养学生的文化自觉和文化自信。

中国从西方吸收学习科学、技术、文化等方面的知识和经验发端于 19 世纪中叶的西学东渐。经历了鸦片战争后,中国逐渐意识到自身的落后,开始寻求变革与发展的道路。西学东渐促进了中国传统文化与西方文化的对话与融合,丰富了中国的文化内涵,推动了中国教育的现代化进程,提升了教育水平和质量,对中国产生了深远而不可磨灭的影响。2012 年中国正式迈入新时代后,以弘扬中华优秀传统文化作为义务教育的重要政策指南。中华优秀传统文化是中国构建文化认同与自信心的关键途径。

2021 年,习近平总书记前往清华大学考察强调了科技创新的重要性,关注清华大学在人才培养方面的措施和成效,提出了关于培养更多高水平科技人才的期望,鼓励清华大学在科技创新领域发挥更大的作用。习近平总书记强调了教育的社会责任，希望清华大学能够注重学生全面发展，培养德、智、体、美全面发展的社会主义建设者和接班人，关心弱势群体，为社会做出更多贡献。此次考察体现了我党对高等教育的高度重视，强调了高校在国家发展中的重要作用。

2022年版《义务教育艺术课程标准》是中国教育部颁布的关于义务教育阶段艺术教育的指导文件，旨在规范和指导学校开展艺术教育工作，促进学生全面发展。其内容明确了艺术教育的基本任务和指导思想；强调了艺术教育对学生审美情感、审美能力和审美素养的培养；规定了艺术教育的学科设置和课程体系，包括音乐、美术、舞蹈、戏剧等；提出了多样化的教学方法，包括实践性教学、体验性教学、探究性教学等；确定了对学生艺术素养和能力的评价标准，包括知识水平、技能水平、创造力、表现力等方面，为学校开展艺术教育提供了指导和依据。

党的二十大报告强调中华优秀传统文化在高校教育中的重要性，并提出了促进传统文化创新发展的一系列措施和建议。报告提倡将中华优秀传统文化与当代价值观相结合，通过对传统文化的深入挖掘和解读，发现其蕴含的智慧和价值，以此指导和影响学生的思想观念与行为规范；强调将中华优秀传统文化与各学科相融合，推动传统文化在不同学科领域的创新应用，培养学生的综合素养和创新能力；提倡通过实践性教学和体验式学习的方式，让学生更直观地感受和体验中华优秀传统文化，增强对传统文化的认同感和自豪感。

2023年，《教育部关于全面实施学校美育浸润行动的通知》进一步强调学校育人功能，开展全面实施学校美育浸润行动。此通知以习近平新时代中国特色社会主义思想为指导，以浸润作为美育工作的目的和途径，将美育融入教育教学活动的全部环节之中。其工作举措有美育教学改革深化行动、教师美育素养提升行动、艺术实践活动普及行动、校园美育文化营造行动、美育评价机制优化行动、乡村美育提质发展行动、美育智慧教育赋能行动和社会美育资源整合行动。通知的长期目标是通过持续努力，至2027年形成全覆盖、多样化、高质量的具有中国特色的现代化学校美育体系。

《教育部关于全面实施学校美育浸润行动的通知》旨在推动学校美育工作的全面发展和提升。通知强调了学校美育工作的重要性，明确了全面实施学校美育浸润行动的总体要求和目标,即促进学生全面发展,培养德、智、体、美、劳全面发展的社会主义建设者和接班人;提出了一系列具体的实施举措,包括加强学校美育组织领导、强化美育师资队伍建设、优化美育课程设置、丰富美育活动形式、拓展美育资源渠道等;重点突出了对美育教师的培训和支持,要求学校开展相关的师资培训活动,提高教师的美育教育水平。同时,通知规定了对美育工作的评估考核标准和指标,加强对学校美育工作的监督和评价。

(二)"三新"挑战

"三新",即新课程改革、新高考和新教材。"三新"给义务教育领域带来了诸多挑战和难题,想要在"三新"的背景下找到切实可行的教学策略,必须找准"三新"课程的基本理念,聚焦于学生的素质培养。[①]

1. 新课程改革

新课程改革是指中国教育体系中对课程内容、教学方法和评价体系进行全面的革新。该改革旨在适应时代发展和社会需求的变化,培养学生的综合素质和创新能力。新课程改革的核心理念包括素质教育、以学生为中心、多元评价等。

(1)素质教育

素质教育是新课程改革的重要理念之一,强调培养学生的综合素质和能力,包括思维能力、创新能力、合作精神等。新课程改革将素质教育融入课程设置和教学过程中,注重培养学生的综合能力。

(2)以学生为中心

新课程改革倡导以学生为中心的教学理念,强调关注学生的个体差异和发展需求,提倡个性化、差异化的教学方法。教师在教学过程中更注重发挥学生的主体作用,激发学生的学习兴趣和动力。

(3)多元评价

传统的考试评价方式存在着单一性和功利性的问题,新课程改革提倡多元化的评价方式,包括综合评价、课堂评价、作品展示等。通过多种评价

[①] 张雪云."三新"背景下高中音乐"教—学—评"一体化教学策略[J].名师在线,2023(35):88-90.

方式,更全面地了解学生的学习情况和发展水平,促进学生的全面发展。

2. 新高考

新高考是指中国高等学校招生考试制度的改革,旨在实现考试内容的多样化和评价方式的多元化,强调综合素质和个性发展。新高考改革的主要方面包括选考科目增加、考试形式多样化、评价方式多元化等。

(1) 选考科目增加

取消原有的文理分科,增加选考科目的数量和种类,使得学生可以根据自己的兴趣和特长选择不同的科目进行考试。这样的改革有助于促进学生的多元发展,减少学生的考试压力。

(2) 考试形式多样化

新高考改革提倡多样化的考试形式,包括笔试、口试、实践考核等。这样的改革有助于更全面地了解学生的学习水平和能力,减少学生对纯粹记忆和应试能力的依赖。

(3) 评价方式多元化

多元化的评价方式包括综合评价、综合素质评价等。这样的改革有助于更准确地评价学生的综合素质和能力,为学生提供更公平、公正的升学机会。

3. 新教材

新教材是指适应新课程改革和新高考要求而编写的教材,旨在贴近学生的实际生活和学习需求,培养学生的综合素质和创新能力。新课程改革包括优化课程结构、丰富教程选择、注重实践应用等。

(1) 优化课程结构

根据新课程改革的要求,对科目设置进行调整,更加符合学生的兴趣和发展需求。可以增加一些具有创新性和实践性的选修课程,拓宽学生的知识面和视野。在此基础上重新构建教材的知识体系,注重知识之间的联系和整合,强调跨学科的综合性和整合性,最后通过优化知识结构,使得学生能够更好地理解和应用所学知识。

(2) 丰富课程选择

在教材中增加丰富多彩的选修内容,涵盖不同领域和兴趣方向,让学生根据自身兴趣和特长进行选择和学习。与此同时,开发多种版本的教材,以满足不同学生群体的需求。例如,针对不同学科和学习水平,提供不同难度和风格的教材,以及适用于不同地区和文化背景的教材。

(3) 注重实践应用

新教材编写注重实践应用的教学原则,将知识的学习与实践的应用相结合,通过案例分析、实验探究等方式,培养学生的实践能力、创新意识、自主学习能力和终身学习能力。具体体现在在教材中设计具有实践性的任务和案例,引导学生通过实际操作和实践活动,将所学知识应用到实际问题解决中;为学生提供丰富的实验和实训资源,包括实验教材、实验设备和实训场地等,提供良好的实践环境和条件。

二、现实背景

随着中国对传统文化和音乐教育越来越重视,教育者的文化主体性毅然觉醒,更多教育领域的从业者意识到义务教育中音乐课程的重要性和对其改革的紧迫性。音乐课程作为义务教育的重要组成部分,在培养学生审美情感、音乐素养和创造能力方面具有重要意义。然而,目前的音乐课堂实践仍然存在一些缺憾,主要体现在教师中国传统音乐素养不足、话语体系西洋化以及知识转化率不高这几方面。

(一) 教师中国传统音乐素养不足、话语体系西洋化

义务教育阶段的音乐教师在其教育背景和专业培养中缺乏对中国传统音乐的深入了解和学习,大部分音乐教师的教育背景来源于西方音乐理论和实践,这也导致他们更倾向于接受西方音乐文化的影响,而忽视中国传统音乐的学习和传承。这种结果的背后往往与教育资源的不足及教学理念和课程设置偏向西方化相关联。在目前的音乐教育体系中,中国传统音乐往往没有得到应有的重视和支持。教师在教学过程中,缺乏中国传统音乐的教材和资源,难以开展对中国传统音乐的深入学习和教学。另外,部分音乐教师在教学理念和课程设置上更倾向于西方音乐的理论体系和教学方法,他们更习惯于使用西方音乐术语和理论来解释音乐现象,这种西洋化的话语体系最终导致了学生对中国传统音乐的认知和理解受到限制。[①]

---

① 代可霏.小学音乐课传统音乐教学实践研究[D].沈阳:沈阳师范大学,2023.

（二）知识转化率不高

音乐教学的核心教育目标是提升学生的音乐素养。但在音乐课堂实践中，教师往往过于注重向学生传授音乐理论知识和技能，而忽视知识的转化和运用。部分教师倾向于将音乐知识作为死记硬背的考点来教授，而忽视知识与实践的结合。这导致学生对于音乐知识的理解停留在表面，难以将其转化为自己的音乐实践能力和审美能力。教学内容的覆盖和完成固然重要，但也不能忽视学生对于知识的消化和理解，对音乐的领悟和赏析。

（三）音乐课堂的教学目标

1. 指导实践，发展学生音乐素质

音乐课堂的首要目标之一是指导学生进行实践，通过实际的音乐活动和演练来培养其音乐素质。例如：组织学生参与合唱和合奏活动，培养其音乐表现力和团队合作精神；教授学生乐器演奏技巧，培养其音乐技能和表现能力；鼓励学生进行音乐创作和即兴演奏，培养其创造力和想象力。

2. 引导学习，明确音乐学习目标

音乐课堂还应该明确音乐学习的目标，引导学生有序地进行学习。教师应该设定清晰的教学目标和学习任务，引导学生有针对性地学习音乐知识和技能。通过生动的教学内容和多样化的教学方法，激发学生的学习兴趣，提高其参与度和主动性。针对不同学生的学习特点和水平，提供个性化的学习指导，帮助他们更好地完成学习任务。

3. 教育评价，完善教学质量成果

教育评价是音乐课堂的闭环，既能够再次巩固学生的学习内容，又能作为反馈信息回归到教学的系统之中，不断完善教学质量和成果。教师需要对学生的学习情况进行全面评价，包括音乐技能、音乐表现力、音乐理解能力等方面；而学生需要对教学方法和教学资源进行评估，了解教学过程中存在的问题和不足，为教学改进提供依据。最后还需要验收教学成果，对学生在音乐课堂中的成果进行评价，包括音乐作品、音乐表演等方面，体现教学的有效性和成果。

三、理论背景

（一）大单元结构化教学

大单元结构化教学是一种在义务教育领域被广泛应用的教学组织形

式,通过将学习内容按照主题或概念进行整合和组织,形成完整的教学单元,以促进学生的综合学习和理解。在大单元结构化教学中,通常将一段时间内的学习内容整合为一个或多个大的学习单元,每个学习单元都包含明确的主题和目标,围绕主题展开学习,包括知识、技能、情感和价值观等方面。在音乐课堂中,大单元结构化教学可以帮助学生更好地理解音乐的内涵和表现形式,提高学生的音乐素养和综合能力。①

大单元结构化教学可以将音乐与其他学科内容进行整合和融合,形成跨学科的学习单元。例如,可以将音乐与历史、文学、艺术等学科内容进行整合,组织学生进行跨学科的学习和探究,促进学生对于音乐的全面理解和认识。其次,大单元结构化教学可以组织学生对于某一主题或概念进行深度学习和探究。②教师可以选择特定的音乐主题或音乐作品作为学习内容,引导学生进行深入学习和分析,通过音乐表演、创作、欣赏等形式,进行综合表现和呈现。通过组织丰富多彩的音乐活动和体验,大单元结构化教学能够培养学生的情感体验和审美情操,引导他们形成正确的音乐价值观和人生观。学生通过学习不同风格和类型的音乐作品,可以切实地感受音乐的美妙和力量,培养对音乐的热爱和理解。从明确学习目标与评价指导的角度来看,大单元结构化教学为教师提供了多方面的支持与指导。教师可以根据学习单元的主题和目标,设计相应的学习活动和评价任务,评价学生在音乐理解、表演技能、创作能力等方面的表现,促进其全面发展和提高。

(二) 舒尔曼的 PCK

舒尔曼在 20 世纪 80 年代提出了 PCK 的概念和理论体系,他提出教师将自身的专业学科知识传授给学生,使学生充分吸收并将其内化为自身知识,在这一过程中,需要动用不同的策略、安排相关的实践活动,使学生自动自觉地加入学习环节。PCK 包括教师如何将学科内容教给学生,如何解释学科概念,如何设计教学活动,以及如何评价学生学习成果等内容。它不仅包含对学科内容的理解,还包括对教学方法和策略的掌握,以及对学生学习

---

① 盛虹.基于"教学评一致性"的初中音乐"大单元"教学设计策略——以《多彩的汉族民歌》为例[J].新课程评论,2022(1):103-111.
② 李慧.深度学习理念下高中音乐鉴赏教学实践研究[D].漳州:闽南师范大学,2023.

过程的了解。

音乐教学涉及丰富多样的教学方法和策略,如合唱排练、乐器演奏、音乐欣赏等。教师需要根据学生的特点和学习目标,选择合适的教学方法和策略进行教学。具有良好的PCK能力的教师能够根据学生的实际情况,灵活运用不同的教学方法和策略,有效地传授音乐知识和技能。除此之外,音乐教学还涉及许多音乐概念和理论,如音高、节奏、和声等。教师需要将这些抽象的概念转化为学生容易理解和接受的形式,帮助他们建立正确的音乐概念。PCK需要教师能够通过生动的示范、比喻和实例,清晰地解释和讲解音乐概念,使学生易于理解和掌握。从实践活动的角度来看,PCK还需要教师设计各种各样的教学活动,如音乐游戏、合唱排练、乐器演奏等。教师需要根据学生的学习目标和能力水平,设计适合的教学活动和富有趣味性及挑战性的教学活动,激发学生的学习兴趣,提高他们的学习动力。与大单元结构化学习相一致,PCK也十分重视学习过程中的评价和反馈机制,PCK要求教师能够设计多样化的评价方式,如表演评价、作品评价等,全面了解学生的学习情况,为他们提供有针对性的指导和帮助。

(三)建构主义

建构主义的提出最早可以追溯至心理学家皮亚杰,经过科尔伯格、斯滕伯格、卡茨等人的理论完善和发展,建构主义在当今已经成为最具影响力的青少年认知理论与学习理论。建构主义理论强调学习者对于知识的主动建构过程,认为学习不是被动接受,而是通过个体与环境的积极互动,根据自身的认知发展阶段,主动建构对世界的理解。在这个过程中,学习者通过不断与新信息进行交互、调整和重组,逐渐建立起自己的知识结构和认知模式。音乐教育领域中的许多核心思想也与建构主义理论密切联系。

建构主义理论强调学习者的主动性和自主性,这与音乐教学中倡导学生的参与性、创造性和表现性密切相关。在音乐教学中,教师可以通过设计丰富多样的音乐活动和任务,激发学生的学习兴趣和动机,让他们在实践中主动地建构音乐知识和技能。通过树立学生的知识观和学习观以及教师的学生观,把握师生的关系定位,建构有意义、高效率的学习环境。建构主认为,学习对于学生而言是一种积极的认知过程,学习者通过与新信息的交互和调整,不断地重建和重组自己的认知结构。在音乐教学中,学生通过参与音乐活动和表演,与音乐材料进行互动,不断地探索和体验音乐的美妙世界,逐渐建立起对音乐的理解和认识。[①]在这一认识的过程中,情感与认知是密不可分的。情感的发展与认知的发展是相互促进、相互影响的。在音乐教学中,音乐不仅是一种认知活动,更是一种情感体验。通过参与音乐活动和表演,学生不仅可以增强对音乐的认知,还可以培养情感表达和沟通的能力,促进个体的全面发展。在不同阶段,个体差异和认知发展阶段的适配性也是建构主义关注的重点。不同阶段的学习者具有不同的认知特点和发展需求。在音乐教学中,教师应该根据学生的认知发展水平和个体差异,灵活调整教学方法和内容,为每个学生提供个性化的学习支持和指导,促进其音乐素质的全面发展。

第二节　研究对象

探究义务教育音乐教学,本质是将学生理解作为出发点,把握学生对音乐的认识和实践认识。教学评一体化是教师理解和施行教学的关键,对其进行音乐主题化建构是至关重要的。我国义务教育阶段音乐教师在教学中需要具备何种知识,其知识框架如何,是本研究的首要问题。

基于研究背景和上述问题的逻辑分析,本研究以义务教育的音乐课堂作为切入口,着重探索基于教学评一体化框架的我国义务教育音乐教学相关问题,具体如下:

义务教育音乐教师教学评一体化的内涵与结构是什么?

基于教学评一体化的义务教育音乐教学价值与构成是怎样的?

基于教学评一体化的义务教育音乐教学实际样态是怎样的?影响教学的关键因素有哪些?

基于教学评一体化的义务教育音乐教学改进策略有哪些?

[①] 赵岩,孔志杰,黄贤明.初中"后建构"课堂教学评价的设计与探索[J].理科考试研究,2024,31(6):2-5.

第三节 研究现状

一、国外研究现状

(一) 教学评一体化的理论研究

1. Classroom Assessment Techniques(CATs,课堂评价策略)

CATs 是美国学者安吉洛和克罗斯提出的一种教学评价方法,旨在帮助教师更好地了解学生的学习需求和问题,指导教学实践。这些技术包括投票、简短写作、概念映射等,可以帮助教师及时获取学生的反馈信息,调整教学方法和内容,促进学生的学习和发展。CATs 通过简单、不评分、匿名的课堂活动为教师和学生提供教学过程中的有效反馈。

2. Assessment for Learning(AfL,学习性评价)

AfL 是英国教育界广泛应用的一种教学评价模式,强调教师和学生共同参与评价过程,通过及时反馈和调整来提高学生的学习效果。研究表明,AfL 可以有效地促进学生的学习动机,提高其学习成绩和学习质量。

3. 形成性评量(Formative Assessment)

形成性评量是 1967 年由迈克尔·斯克里文创立的术语,指的是教学过程中持续进行的评价活动,旨在帮助教师了解学生的学习进度和困难,并及时调整教学策略和方法,促进学生的学习和发展。在国外,有许多研究探讨了形成性评量在不同学科和教育阶段的应用效果,以及教师如何有效地实施形成性评量来提高教学质量。

4. 教师评核素养(Teacher Assessment Literacy)

教师评核素养是指教师在课堂上有效实施评估所需的一套知识和技能,自其诞生以来一直是教育政策和教育研究议程的优先事项。教师需要具备合适的评价理论和技能,才能够有效地进行教学评价并应用评价结果指导教学实践。国外的相关研究关注教师评估素养的培养和提升,探讨了如何帮助教师理解和应用不同的评价方法,提高其评价能力和水平,促进教学质量的提升。

（二）教学评一体化的实践研究

1. Classroom Assessment Environment Scale(CAES,课堂评价环境量表)项目

CAES 项目是美国教育学家詹姆斯·波普汉姆和洛里·谢泼德等人发起的一个研究项目，旨在探究教学评价与学习环境之间的关系，以及如何通过评价促进学生的学习和发展。该项目对美国多所学校的教学评价实践进行了深入研究，并提出了一系列有效的教学评价策略和方法。

2. Assessment Reform Group(ARG,考核改革组)项目

ARG 是英国的一个研究团体，致力于推动教学评价的改革和创新。他们提倡教学评价应该是持续的、嵌入式的，强调教师和学生共同参与评价过程。ARG 的研究成果对于英国教育政策的制定和教学实践的改进产生了积极的影响。

3. Technology-Enhanced Assessment(TEA,技术增强型评估)项目

随着技术的不断发展，许多国外研究关注如何利用技术手段来增强教学评价的效果。例如 TEA 利用在线平台和应用程序进行自动化评价、追踪学生的学习进度和表现，为教师提供更多的数据和反馈信息，支持教学评一体化的实践。

二、国内研究现状

（一）教学评一体化的起源与发展

2017 年至 2018 年间，教学评一体化相关主题的文章在我国数量较少，在 2018 年之后数量才有明显增加。当时正值新课改政策的颁布，教育领域的专家和学者都将关注点集中在了教学评一体化上，此后的关注度也有增无减。

张顺清在《"教、学、评一致性"与"教、学、评一体化"的起源和含义》中提到，教学评一体化的理论思想起源地在日本，在 20 世纪 90 年代由水越敏行正式提出。[①]教学评一体化理论被引入我国之后受到广泛关注，当时中国教育正处于"有教无评""有评无促"的现象之中，教学与评价的脱钩严重影响了评价体系对学生综合素质培养的进程，于是教学评一体化被引入教育界

---

① 张顺清."教、学、评一致性"与"教、学、评一体化"的起源和含义[J].中学化学教学参考,2019(13):4-5.

并对教学任务进行综合化、整体化的设计。在中国教育改革不断深化的大背景之下,教学评一体化以"教学评价是教学的重要组成部分""评价应该是多维度、多层次的""评价应该是持续的、嵌入式的"等理念为代表,为教学评一体化的实践提供了理论支持。教育部也出台了一系列相关政策文件,明确要求各级学校和教育机构积极推行教学评一体化,以提高教育教学质量。同时,各地教育局和学校也开展了一系列教学评一体化的实践活动与研究项目,积累了丰富的经验和成果。

(二)音乐课堂与教学评一体化研究

音乐课堂与教学评一体化的研究较少,教学评一体化的相关课例也不多,能见到的一些论文都一致认为教学评一体化对音乐课堂具有促进作用。

李思佳在《基于"教学评一致性"的初中音乐课堂教学实践探究》中认为教学评一体化应当作为教学目的被重视和使用,这种新型教学模式能够在初中的音乐课程之中发挥重要作用,可以改善和提高教师的教学效果和效率,能让学生在体验到音乐赏析的乐趣的同时,培养良好的审美能力和音乐习惯,对学生的音乐水平有质的提高,从而对中学生的整体素质有明显改善。[1] 张秀凤在《国测导向下县域小学音乐教学评一致性的实践研究》中则提到,通过教学评一体化理论来调整小学音乐教学的目标和实践方向,达成了教学质量显著上升的目标。[2]

第四节 研究目的和意义

一、研究目的

教学评一体化与音乐教育相结合旨在达成多方面的目标,即提升学生的基本音乐素养、加深学生对传统音乐的认知、提高教师的教学水平、推动传统音乐的传承与传播,以及落实《教育部关于全面实施学校美育浸润行动的通知》。

---

[1] 李思佳.基于"教学评一致性"的初中音乐课堂教学实践探究[C]//中国智慧工程研究会智能学习与创新研究工作委员会.2022教育教学与管理南宁论坛论文集(三).成都:成都棠湖外国语学校,2022:5.

[2] 张秀凤.国测导向下县域小学音乐教学评一致性的实践研究[J].教育信息化论坛,2017(2):50-51.

（一）提升学生的基本音乐素养

教学评一体化的实践可以帮助学生全面提升音乐素养,包括音乐听觉、表演、创作、欣赏、演绎、审美等方面。教学评一体化的特点在于及时评价和反馈,通过此特点,教师可以及时发现学生的音乐能力和不足之处,并对他们做针对性的指导和辅导,从而更有效地促进学生的个体发展和整体提升。

（二）加深学生对传统音乐的认知

教学评一体化可以帮助学生更深入地了解和理解中国传统音乐。通过多样化的评价方法和实践活动,学生还可以在实践活动中参与传统音乐的演奏、欣赏和研究,深化对传统音乐的认知和理解,在提高自身艺术修养的同时,增强文化自信心和民族自豪感。

（三）提高音乐教师的教学水平

教学评一体化的实践不仅有利于学生的学习,也能够快速有效地提升音乐教师的教学水平。通过不断地评估和反思自己的教学实践,教师可以发现教学中存在的问题和不足并及时进行调整和改进,提高教学效果和学生学习成果。从教师的音乐素养来看,教学评一体化的反馈机制同时可以使教师查漏补缺,找到自己在职业素养上的不足,从而补充自身知识面较为匮乏的部分。

（四）推动传统音乐的传承与传播并树立文化自信

从宏观角度来看,教学评一体化与音乐教育相结合有助于推动传统音乐的传承与传播,并树立中国青少年的文化自信。通过将传统音乐融入教学评价中,学校和教育机构可以更好地促进传统音乐的传承和发展,培养学生对传统文化的尊重和热爱,树立文化自信心,增强民族凝聚力和文化自豪感。当今,音乐课程的话语西洋化倾向普遍,需要重视中国传统音乐和民族音乐的地位提升,在挖掘中国文化精髓的宏观目标下去学习音乐。

（五）落实《教育部关于全面实施学校美育浸润行动的通知》

《教育部关于全面实施学校美育浸润行动的通知》中提到的各项要求的落实与教学评一体化的目标是相一致的。从美育教学的改革深化来看,音乐课堂的教学内容和方法需要与时俱进,需要结合现代科技手段,创新教学模式。例如:引入虚拟现实技术,让学生身临其境地感受音乐艺术;采用个性化教学方法,关注学生的兴趣和特长,激发其学习音乐的热情。从教师美育的素养提升来看,教师是美育实践的重要推动者,他们需要不断提升自身的美育素养和专业水平。可以通过专业培训、学习交流等方式,提高教师的美育理论水平和实践能力,使其能够更好地指导学生的音乐学习和艺术创作。建立科学合理的美育评价体系也至关重要,不仅要注重学生音乐技能的培养,更要关注其审美情感和创造能力的发展。评价方式可以多样化,包括考试评定、作品展示、实践成果等多种形式,全面反映学生的美育水平。

另外,从学校的角度来看,学校应该营造浓厚的艺术氛围,打造艺术教育的特色校园。可以通过美术作品展示、音乐会演出、艺术节等形式,丰富校园文化生活,激发学生对艺术的热爱和向往。在农村地区要推动音乐教育的普及和发展,加强对乡村学校音乐教师的培训和支持,丰富农村学生的音乐学习资源,促进乡村学校美育水平的提升。还可以利用现代科技手段,开发音乐教育的智慧教育资源,如音乐教学软件、在线教学平台等,拓展音乐教育的边界,提高教学效率和质量。还要充分利用社会资源,与文化机构、艺术团体等合作,丰富音乐课堂教学内容,组织学生观看音乐会、艺术展览等活动,拓宽学生的艺术视野,丰富其审美经验。通过以上行动的落实,可以更好地促进音乐课堂与教学评一体化的结合,强化学校的育人功能,全面实施学校美育浸润行动,使学生在音乐学习中不仅掌握音乐技能,还能培养审美情感、艺术修养和创造力,为终身发展打下良好的基础。

二、研究意义

教学评一体化与音乐教育相结合具有重要的研究意义,不仅有助于构建教学评一体化方法论框架,推动教学评一体化学科化、主题化,还能为教师提供理论依据和实践方向,促进音乐教育的发展和提高。

(一)构建教学评一体化方法论框架

将教学评一体化与音乐教育相结合,有助于构建更完善的教学评一体化方法论框架。通过研究教学评一体化在音乐教育领域的应用,可以探索适合音乐教学特点的评价方法和策略,建立科学有效的教学评一体化模式,为其他学科领域的教学评一体化提供借鉴和参考。

(二)推动教学评一体化学科化、主题化

将教学评一体化与音乐教育相结合,可以推动教学评一体化向学科化、主题化发展。通过深入研究音乐教育的特点和需求,开展有针对性的教学

评价活动,有利于更好地理解和把握音乐教学的核心内容和目标,提高评价的准确性和针对性。

（三）理论意义：为教师视角提供理论依据

教学评一体化与音乐教育相结合,对于提供教师视角的理论依据具有重要意义。通过深入研究教学评一体化在音乐教育中的应用,可以揭示教师在教学评价过程中的角色和作用,帮助教师理解评价的目的和意义,提高评价的有效性和科学性。

（四）实践意义：为教师视角提供实践方向

教学评一体化与音乐教育相结合,不仅有助于提供理论依据,也为教师提供了实践方向。通过研究教学评一体化在音乐教育中的具体实践案例和经验,可以为教师提供实践指导和方法论,帮助教师更好地应用教学评一体化的理念和方法,提高教学质量和效果。

第五节　研究方法和框架

一、研究方法

本书通过文献分析法和案例研究法探索研究的主题,在对国内外理论资源与实践经验分析的基础上进一步深挖主题的特殊价值,从实证研究到案例解析再到教学内容的构建,进行逐层分析,最后实现研究目的与意义。文献分析法和案例研究法相结合,可以深入探讨义务教育音乐课堂实践中教学评一体化的具体实施方式、效果评价以及对学生音乐素养的影响,为音乐教育改革和教学质量提高提供理论支持和实践经验。

（一）文献分析法

本书搜集了关于义务教育音乐课堂实践和教学评一体化的相关文献资料,包括学术论文、研究报告、教材、教学指南等,继而对搜集到的文献资料进行系统性和综合性的分析,从教学评一体化的理论框架、音乐教育的现状与问题、教学评价的方法与标准等方面进行分析,以深入了解目前音乐课堂实践中存在的问题以及教学评一体化的可行性和意义。在文献分析的基础上,对相关理论观点、案例经验以及研究发现进行总结归纳,从而为后续的研究提供理论支持和实践参考。

(二)案例研究法

首先是在义务教育音乐课堂中选择具有代表性的案例,其次是搜集与所选案例相关的资料,包括课堂教学设计、学生作业、教学评价记录等。通过对案例资料的深入分析,探究教学实践中教学评一体化的具体应用情况,包括教学目标的设定、教学方法的选择、学生学习情况的评价等。根据案例分析的结果,总结出教学评一体化在音乐课堂实践中的优势和不足,提出改进建议和实施策略,为进一步的教学实践和研究提供参考。

二、研究框架

本书研究按照教学评一体化的名词界定与概念解析、教—学—评三者的关系、音乐课堂实践规则与案例分析、音乐核心素养与学生培养的需求、一体化教学设计的实践方法等部分有序进行。

首先详细阐述教学评一体化的概念,将教学和评价融合在一起,使评价不再是简单对学生学习结果的检验,而是成为教学过程中的一部分,与教学目标、教学内容、教学方法相结合,共同促进学生的全面发展。其次论述教—学—评三者的关系,即教师是教学的主体,负责设计和实施教学活动;学生则是学习的主体,负责接受和参与教学。教学活动的设计和实施应该与评价相结合,教师需要在教学过程中不断进行评价,了解学生的学习情况,及时调整教学策略,以确保教学目标的达成。评价是学习的一部分,学生需要通过评价来了解自己的学习水平和问题所在,以便调整学习策略,提高学习效果。再次是通过音乐课堂实践规则与案例分析,了解音乐核心素养与学生培养的需求。针对学生的培养需求,除了传授音乐知识和技能,还应该注重培养学生的审美情趣、情感表达能力、团队合作精神等综合素养,使其在音乐学习中得到全面发展。最后是得出一体化教学设计的实践方法,通过设定清晰的教学目标、使用多样化的教学方法、引入综合评价机制、借鉴跨学科教学模式等,将教学内容、教学方法、评价方式与目标相匹配。

第一章 相关名词界定与理论概述

相关名词界定与理论概述是对本研究的主题词的说明,是对本研究的研究对象的精准化。相关名词界定与理论概述能够为本研究的整体写作方向做出安排。

第一节 概念解析

一、义务教育的概念

一般来说,义务教育的实施范围包括学前教育、小学教育和初中教育,通常在国家法律规定的年龄段内对学生实行义务教育。义务教育的内容主要涵盖语文、数学、外语、科学、历史、地理、体育、美术、音乐等基础学科,旨在培养学生的基本素质和基本能力,为他们的终身发展打下基础。

在义务教育、高级中等教育和高等教育阶段的音乐教育之间存在明显的差异。第一,对象的差异。义务教育阶段主要面向学龄前儿童和青少年学生,以小学和初中学生为主要对象。高级中等教育阶段面向高中学生,包括普通高中、职业高中等阶段的学生。高等教育阶段主要面向大学本科生和研究生,以及专业音乐院校的学生。第二,目标的差异。义务教育阶段的主要目标是培养学生对音乐的基本认识和兴趣,提高其音乐素养和审美能力,培养基本的音乐技能。高级中等教育阶段的目标更加深入,除了继续培养学生的音乐素养和审美能力,还要培养学生的音乐理论知识和技能,为音乐专业的学习做准备。高等教育阶段的主要目标是深入探讨音乐理论、历史、表演等方面的知识,培养学生成为专业的音乐从业者或研究者。第三,内容的差异。义务教育阶段的音乐教育内容以基本的音乐知识、音乐欣赏和简单的音乐表演为主,强调对各种音乐形式和风格的了解与欣赏。高级中等教育阶段的音乐教育内容更加深入,包括音乐理论、音乐史、作曲技巧、音乐表演等方面的内容,涵盖的范围更广,难度也更大。高等教育阶段的音乐教育内容更为专业化,涉及音乐学、音乐表演、音乐创作等领域,学生需要深入研究音乐理论,进行专业化的音乐表演或创作实践。第四,方法的差异。义务教育阶段的音乐教育方法注重趣味性和参与性,采用游戏、故事、歌唱等活动形式,让学生在轻松愉快的氛围中学习音乐。高级中等教育阶段的音乐教育方法更加系统和深入,包括课堂教学、实践演奏、乐团排练等形式,注重培养学生的技能和专业素养。高等教育阶段的音乐教育方法更加理论化和实践化,除了课堂讲授,还包括学术研究、音乐会表演、实践教学等多种形式,注重培养学生的独立思考和创新能力。

虽然在不同的教育阶段中,音乐教育的对象、目标、内容和方法都会有所不同,但都旨在培养学生的音乐素养和技能,促进其全面发展。

二、音乐课堂实践的名词界定

在教学评一体化的课堂中,文科、理科和艺术学科具有显著差异。从学科性质上看,文科主要涉及语言、文学、历史、哲学等领域,强调对人文社会现象的理解和分析,注重语言文字的运用和人类文明的传承。理科主要涉及数学、物理、化学、生物等自然科学领域,强调对自然规律的探究和实证研究,注重逻辑思维和科学方法的运用。艺术学科主要包括音乐、美术、舞蹈、戏剧等领域,强调对美的感知和表现,注重想象力和创造力的培养。

从教学内容上看,文科教学内容主要包括文学作品的阅读与分析、历史事件的理解与评价、哲学思想的探讨与思考等,注重学生的文学修养和人文素养的培养。理科教学内容主要包括数学公式的推导与运用、自然规律的探索与应用、科学实验的设计与实施等,注重学生的科学素养和实验能力的培养。艺术学科教学内容主要包括音乐作品的演奏与分析、美术作品的创作与鉴赏、舞蹈动作的练习与表演等,注重学生的审美能力和艺术表现力的培养。不同的教学内容决定了不同的评价标准。文科的评价主要考查学生对文学、历史、哲学等领域的理解和分析能力,以及语言文字的表达和运用能力。理科的评价主要考查学生对数学、物理、化学、生物等领域的掌握程度和科学方法的运用能力,以及实验设计和数据分析能力。艺术学科的评价主要考查学生对音乐、美术、舞蹈、戏剧等领域的感知和表现能力,以及创造性和想象力的发挥程度。

音乐课堂实践是本书论述的目标对象。音乐课堂实践包括了课堂和实践两部分,课堂上发生"教"与"学"的行为,实践中发生"学"与"评"的行为。后文将会详细阐释教、学、评三者的关系。

三、教学评一体化的概念

教学评一体化是指将教学和评价有机地结合在一起,使评价不再是简单地对学生学习结果的检验,而是成为教学过程中的重要组成部分。教学评一体化强调教学和评价之间的紧密联系,要求教学过程中的评价活动与教学目标、教学内容和教学方法相互贯穿,共同促进学生的全面发展。

(一)目标导向的"教"

"教"在教学评一体化中涵盖了教师在教学过程中的角色和功能,"教"不仅仅是教师的一种行为,更是教师的一种责任和担当。下面从三个方面阐述"教"的含义。

1. 以核心素质培养为目标

教学评一体化中的"教"首先体现在以核心素质培养为主要目标。核心素质是指学生在学习过程中应该具备的基本素养和能力,包括思维能力、创新能力、合作能力、情感态度等方面。在教学评一体化中,教师应该根据学生的年龄特点、学科特点和社会需求,设定符合核心素质培养要求的教学目标。这些目标既包括学科知识和技能的学习,也包括学生综合素养和发展的培养。[1]

例如,在音乐教学中,除了让学生掌握音乐理论和技能外,还应该培养其音乐欣赏能力、表演能力和创造能力,促进其审美情感和情感表达能力的发展。因此,教学目标的设定应该综合考虑这些方面,以实现学生全面发展为目标。

2. 以目标为导向设计内容

教师需要根据学生的学习需求和特点,选择合适的教学内容和教学方式,确保教学活动与教学目标相一致,实现教学评一体化的目标。

---

[1] 姚文改,丁香红.基于核心素养的教学评一体化设计——研读课程标准所附相关案例的启示[J].中学历史教学参考,2023(34):62-65.

在设计教学内容时，教师需要综合考虑教学目标、学科知识体系和学生的实际情况，确定具体的教学内容和学习任务。这些内容既应该符合学科的要求，又应该能够促进学生核心素质的培养。例如，在音乐教学中，教师可以选择一些优秀的音乐作品进行阅读与分析，以此来提高学生的语言表达能力，同时培养其情感态度和审美能力。在选择教学方法时，教师也应该根据教学目标和学生的特点，灵活运用不同的教学方法和教学手段，创设多样化的教学情境，激发学生的学习兴趣和积极性。教师可以采用讨论、探究、实践等多种教学方法，引导学生主动参与，培养其解决问题的能力。

3. 育人方向和教学方式

教学评一体化中的"教"最终决定了育人方向和教学方式。在教学过程中，教师不仅仅是知识的传授者，更是学生的引导者和促进者。教师应该根据学生的学习情况和评价结果，及时调整教学策略和方法，确保教学效果的实现，最终达到育人的目标。

教师要根据学生的发展需求和学科特点，确定适合学生发展的育人方向和教育目标。这些方向和目标不仅仅包括学科知识和技能的学习，还包括学生综合素质和价值观的培养。教师不仅要教授理论知识，还要引导学生端正音乐赏析态度，培养其历史文化素养和民族精神。育人方向决定了课堂中教师的教学方式，培养学生基本的音乐欣赏能力要以音乐赏析和案例分析作为主要的教学方式，培养学生的听与唱的能力要以大量的听唱训练为基本途径，促进学生对音乐的热情与兴趣则需要结合音乐故事和音乐背景来进行教学。

（二）主动参与的"学"

1. 教师指导为基础

学生首先需要理解教师所设定的教学目标。教学目标通常涵盖知识、技能和素质等多个方面，学生应当明确这些目标并且理解它们的重要性。学生需要明白每个学习任务的意义，以及任务如何与整体目标相连。例如，如果教学目标是提高学生的某项基本能力，学生就需要明白实现这一目标所对应的学习任务的内容是什么。

学生在理解教学内容时应当主动参与学习过程，而不仅仅是被动接受知识。学生需要积极思考教学内容与自身经验、观点的联系，并且不断地提出问题和寻找答案。例如，在学习音乐史课程时，学生不仅应该了解具体的时间、人物和经典作品，还应该思考这些作品对当时社会的影响以及对现代社会的启示。

学生在学习过程中应当根据自身情况适当调整学习状态，发挥自身的能动性。每一个学生都应该了解自己的学习风格和能力水平，根据学习任务的要求调整学习策略和方法。学生应知道何时需要专注于学习、何时需要休息和放松，以及何时需要寻求帮助或与同学合作。

2. 实践过程为核心

在实践活动中，学生们通过实际操作和亲身体验，不仅可以更直观地感受到知识的应用，还能够在发现问题、探索解决方案的过程中获得成就感。这种积极参与和主动探索的过程可以让学生习得许多知识和技能，这些知识和技能往往比单纯从书本上获取的更为深刻和生动。在主动性被调动起来的基础上，实践活动提供了一个跨学科的学习平台。在实践中，学生们往往需要综合运用各种学科的知识和技能来解决实际问题。比如，在一个社区服务项目中，学生不仅需要运用社会学、心理学等社会科学知识，还需要运用数学、物理学等自然科学知识。这种跨学科的学习过程使得学生能够更全面地理解和应用所学知识，从而提高综合能力、锻炼创新思维。

3. 目标内容相一致

教学目标和学习内容的相互呼应与互为补充是教学过程中至关重要的一环。通过教师传达课程目标，学生在学习和实践过程中深刻理解这些目标，从而将其与所需的能力相对应。而后，通过课后训练巩固所学知识与技能，巩固这种相互关系。

教学目标为学生提供了学习的方向。教师通过明确的课程目标告诉学生他们将在课程中学到什么，理解到什么程度，并掌握什么样的能力。这些目标的明确性使得学生们在学习过程中能够有所侧重，更有效地投入学习中去。教学内容应当是为了达成教学目标而设计的，内容的选择应当围绕着目标展开，使得学生在学习过程中能够逐步理解和掌握目标所要求的知识和技能。例如，课程目标是培养学生的批判性思维能力，那么教学内容就应当是注重启发学生思考的案例分析和讨论。通过教师的引导和自主学习,学生将会意识到学习不仅仅是为了应付考试,更是为了掌握、运用知识和培养能力。

（三）监控效果的"评"

1. 形式多样的"评"

教学评一体化是一种评价与教学相融合、相促进,共同为教学质量的提升服务的教育评价方式。这种评价方式不再是单纯地对学生进行考试、测试,而是将评价贯穿于整个教学过程中,包括教学设计、教学实施和教学反思等方面。在教学评一体化中,评价的形式多种多样,它们各自具有独特的特点和适用场景。

（1）日常评价

日常评价是指教师在日常教学中对学生的学习情况进行观察、记录和分析。这种评价形式注重教学过程中的实时的反馈,有利于教师及时发现学生的学习困难和问题,采取相应的教学策略进行调整和优化。日常评价可以通过课堂观察、作业、小组讨论等方式进行,其特点是及时、灵活、具体。

（2）作业评价

与日常评价的及时性和高频率的特点不同,作业评价具有滞后性,而且频率相较于日常评价更低。作业评价是指教师布置给学生的作业,在学生完成后对其进行评价。作业评价既可以是书面作业,也可以是实践性任务、课外阅读等形式,需要教师根据教学目标和课程内容进行相应的调整。通过对作业的评价,教师可以了解学生的综合学习情况,发现他们在学习过程中无法理解的内容,及时给予指导和反馈。除此之外,作业评价还可以帮助学生巩固所学知识、培养自主学习能力。

（3）课堂表现评价

课堂表现评价是指教师对学生在课堂上的表现进行及时评价。这包括学生的参与程度、表达能力、思维活跃度等方面。通过观察学生的课堂表现和活跃程度,教师可以了解学生对所学知识的掌握情况,发现学生的学习兴趣和问题,为教师教学方式的调整提供参考依据。课堂表现评价比日常评价的互动性更强,且针对的是某个更小、更详细的知识点,由此也可看出,课堂表现评价更适合教师在课后对学生进行一对一指导。课堂表现评价的形式主要有口头点评、课堂活动记录等方式。

(4) 项目评价

项目评价是指通过学生参与项目设计、实施和成果展示等环节,对其进行评价。项目评价强调学生的实践能力和综合素养,通过项目实践,学生可以将所学知识与实际问题相结合,培养解决问题的能力和团队合作精神。项目评价不仅考查学生的专业知识水平,还注重学生的创新能力、实践能力和团队合作能力。课程的项目化与单元化是不同的策略,项目化能使学生更充分和独立地思考,建立与同学间的友好交流,获得更具有价值的学习成果。

(5) 反思评价

反思评价是指教师和学生对教学过程进行反思和评价。在教学结束后,教师可以与学生一起对教学过程进行回顾和总结,分析教学效果和存在的问题,探讨改进的方法和策略。反思评价有助于教师和学生深入理解教学目标和学习内容,促进教学质量的持续提升。反思评价是教师和学生共同的任务,两者缺一不可。

(6) 综合评价

综合评价是指通过多种评价方式综合考察学生的学习情况和能力水平。综合评价可以包括日常评价、作业评价、考试评价等多种形式,通过综合分析学生在不同方面的表现,全面了解其学习情况和能力水平。综合评价能够更客观地反映学生的真实水平,为教学提供科学依据。

教学评一体化的目标是促进教学质量的提升和学生全面发展。各种评价形式都具有各自的优势和局限性,在实际教学中应根据教学目标、学生特点和教学内容的需要,合理选择和结合不同的评价方式,以达到最佳的评价效果。

2. 评价的框架

教学评一体化的评价框架是系统化的教学评价模式,包含教学目标的设定、评价的内容、教学与学习的匹配度、评价对学生与教师行为的促进作用等关键因素。

学习目标的预设是评价框架的基础。在教学开始之前,教师需要明确教学目标,即学生应该在课程结束时所能够达到的知识、技能和态度水平。这些目标应当具体、可衡量,并与课程内容和学生实际水平相适应。在确定学习目标之后,教师需要设计评价任务,即确定用于评价学生达成学习目标程度的具体任务或活动。这些评价任务应当与学习目标密切相关,能够全面、客观地评价学生的学习情况,包括知识的掌握程度、技能的运用能力以及态度和价值观的形成。评价框架还需要考虑教学活动与学习活动之间的匹配程度。教学活动应当与学习目标和评价任务相一致,即教师的教学策略应当能够有效地促进学生达成学习目标,并为评价任务提供有效的数据支持。同时,学生的学习活动也应当与教学活动相匹配,即学生在教学过程中的参与程度和学习行为应当能够达到评价任务所要求的水平。评价活动的呈现对学生的学习行为与教师的教学活动是否起到促进作用是评价框架的关键部分。评价活动应当能够为学生提供及时、有效的反馈,帮助他们发现自身学习的不足和问题,并引导他们采取相应的学习策略进行改进。同时,评价活动也应当能够促进教师的教学反思和教学改进,使其能够更好地调整教学方法和策略,提高教学效果。

3. 评价与课堂观察

课堂教学是一个动态和多变的过程,教师的教学策略、学生的学习情况以及课堂氛围都可能随时发生变化。由此可见,仅仅依靠静态的评价方式往往无法全面反映课堂教学的实际情况。在这种情况下,课堂观察成为一种非常重要的评价手段。通过实时观察课堂教学的情况,评价者可以更全面地了解教学过程中的动态变化,及时调整评价策略,提高评价的准确性和有效性。课堂观察也要讲求策略与方法,首先需要明白课堂观察是通过观察教学活动和学生学习行为来获取评价信息的一种方法。观察内容可以包括教师的教学方法、学生的学习情况、教学资源的利用等。观察方法可以是直接观察、间接观察、参与观察等。在教学评一体化中,教师、同行和学生都可以成为观察者,通过不同的观察角度和方法,获取全面的评价信息,为评价提供多维度的数据支持。在长期的课堂观察之下,需要总结和提炼观察材料的信息,最后得出评价结果。通过观察教学活动和学生学习行为,评价者可以获得直观的、客观的评价信息,从而更准确地评价教学质量和学生学习水平。课堂观察还可以帮助评价者发现教学中存在的问题和不足,为教学改进提供参考依据。同时,课堂观察也可以促进教师和学生的自我反思和自我改进,从而提高教学效果和学习成效。

第二节 教学评价与音乐教学的关系

一、"教、学、评"的两两关系

(一)"教"与"学"

1. 以学定教

(1) 以学生学习所追求的目标和成效来确定教师的教学方向

在教学评一体化的理念下,教师的教学方向应该以学生学习所追求的目标和成效为导向。这意味着教师需要了解每个学生的学习需求、兴趣和目标,以此确定教学方向,确保教学内容和方法能够有效地促进学生的学习。

学生的学习目标可能因人而异,有些学生可能更注重学术成绩,有些则更注重技能的培养,还有一些可能更关注实际应用能力的提升。因此,教师应该通过各种途径了解学生的学习目标,比如开展学习调查、进行个别访谈、观察学生的学习表现等。一旦教师明确了学生的学习目标,就可以根据这些目标来确定教学计划和教学内容。教师可以根据学生的学习需求,选择合适的教学资源和教学方法,设计出具有挑战性和吸引力的教学活动,以激发学生的学习兴趣和动力,提高他们的学习效果。

(2) 学生以自主学习为主要途径来向教学目标靠近

自主学习是学生主动参与学习过程,是他们根据自己的学习需求和兴趣,自主选择学习内容、学习方式和学习时间的一种学习方式。在教学评一体化的理念下,教师应该鼓励学生进行自主学习,并为他们提供相应的支持和指导,以便他们更好地向教学目标靠近。

教师可以通过多种途径促进学生的自主学习。例如:可以设计开放式的学习任务,让学生根据自己的兴趣和能力来选择学习内容和学习方式;可以引导学生进行自主探究和实践活动,培养他们的问题解决能力和创新精神;可以提供个性化的学习资源和学习支持,帮助学生根据自己的学习需求进行学习。通过自主学习,学生可以更好地发挥自己的学习潜能,提高学习的主动性和积极性,从而更好地向教学目标靠近。

(3) 与教学内容不能良好匹配的学生,需要主动思考并做出调整

在教学评一体化的理念下,教师需要关注学生与教学内容的匹配情况。

如果学生与教学内容不能良好匹配,会影响到学生的学习效果和学习动力,因此,学生需要主动思考并做出调整。

一方面,学生可以通过多种途径来提高与教学内容的匹配度。例如,可以积极参与课堂讨论和互动,与教师和同学进行交流,理解教学内容的重点和要点;可以积极参与课外阅读和实践活动,拓展自己的知识和技能,加深对教学内容的理解和应用。另一方面,教师也可以通过多种方式帮助学生提高与教学内容的匹配度。例如,可以灵活调整教学内容和教学方法,根据学生的学习需求和反馈来进行个性化教学;可以设计具有挑战性和启发性的学习任务,激发学生的学习兴趣和动力,提高他们与教学内容的关联度。

2. 以教促学

(1) 教师通过教学活动来促进学生的学习

教师通过教学活动来促进学生的学习是至关重要的,不同风格、内容和形式的教学活动都能起到不同的作用。

首先,教师可以通过创设积极的学习环境来激发学生的学习兴趣和动力。这包括营造轻松、开放的氛围,鼓励学生自由表达观点和想法,以及提供丰富多样的学习资源和工具,让学生在学习中感到愉悦和享受。其次,多样化的教学方法可以满足不同学生的学习需求和学习风格,这包括讲授、讨论、实验、案例分析等多种教学方式,以及使用多媒体、互动课件、游戏等多种教学资源,让学生在多种情境下进行学习,提高学习的有效性和趣味性。也有一些教学互动以激发学生的学习动机为重点而展开,如设立有挑战性和激励性的学习目标,为学生提供有意义的学习任务和项目,以及及时给予学生肯定和认可,让他们感到学习的价值和意义,从而提高学习的积极性和主动性。最后,教师可以根据学生的学习需求和能力水平,提供个性化的学习支持和指导,这包括为学生提供有针对性的学习资源和学习策略,以及定期进行学习进度和学习成果的反馈,帮助学生克服学习困难,提高学习效果。[1]

---

[1] 徐骞,周丽娜,沈南山."教学评"一体化教学设计方法与案例分析[J].理科考试研究,2023,30(22):15-17.

（2）教师在教学中与学生积极互动，并得到学生的反馈

教师应该积极地与学生互动，鼓励他们参与课堂讨论和活动，通过提出问题、组织小组讨论、引导学生分享经验等方式，让学生成为学习的主体，提高他们的学习参与度和主动性。

教师需要在课堂上定期地大量收集学生反馈，以了解他们对教学内容和教学方法的看法和感受。可以通过课堂反馈、问卷调查、小组讨论等方式收集学生的反馈意见，从而及时了解学生的学习情况和需求。在反馈的收集工作结束之后，教师需要给予学生及时的反馈，帮助他们理解自己的学习情况和表现，可以通过口头评价、书面评价、个别谈话等方式给予学生反馈，指导他们及时调整学习策略和方法，提高学习效果。

（3）教师有针对性地调整教学策略，充当引导者和组织者的角色

教师首先需要知道如何引导学生积极参与学习，激发他们的学习兴趣和动力。可以通过设立明确的学习目标、提供清晰的学习指导、组织有意义的学习活动等方式引导学生学习，让他们成为自主学习的主体。教学活动的正确组织可以成为老师的重要辅助工具。教师应该组织丰富多样的教学活动，以满足不同学生的学习需求和学习风格，让学生在多种情境下进行学习，提高教学效果。最重要的是，教师达成一定效果后不能就此一直套用以前的方法，应该根据学生的学习情况和反馈意见，及时调整教学策略和方法，以适应学生的学习需求和学习进度。可以通过不断地观察学生的学习情况、听取学生的反馈意见、进行教学反思等方式，调整教学策略，提高教学效果。

（二）"学"与"评"

1. 学习内容与评价结果相一致

（1）学生要清楚地知道评价的标准和方向，以调整学习策略

教师在教学开始之前就要向学生明确评价的标准和方向。这可以通过课程大纲、评价标准表、说明文件等形式进行。学生应清楚了解何为优秀、良好、及格和不及格，以及评价的主要方向是什么，从而更好地调整学习策略和行动。之后，教师在教学过程中应该及时向学生提供反馈，让他们了解自己的学习情况。这可以通过课堂讨论、小组活动、作业批改等形式进行。实时反馈可以帮助学生及时发现学习中存在的问题和不足，从而及时调整

学习策略。

教师需要鼓励学生进行自我评价,让他们对自己的学习情况进行深入反思。可以通过学习日志、学习总结、自我评价表等形式,让学生总结自己的学习情况和成绩,发现问题和不足,并制订下一步的学习计划。

教师可以引导学生寻求外部反馈,比如向同学、家长或其他老师寻求意见和建议,这可以帮助学生获得更多的视角和意见,发现自己学习中存在的盲点和不足之处,进一步完善自己的学习策略和行动。

(2) 学生要通过评价发现学习过程中存在的问题和不足

学生要通过仔细分析评价结果,了解自己的学习情况和成绩。他们可以通过评价表、考试成绩、作业反馈等形式,了解自己在哪些方面做得好,在哪些方面存在不足,由此找出问题的根源。这可能涉及学习方法、学习态度、学习动机等方面的问题,学生应该对这些方面进行深入反思,找出解决问题的方法和途径。

(3) 评价结果可以作为正反馈给学生带来成就感

正向的评价结果可以肯定学生的优点和进步,让他们感到被认可和鼓励,这可以增强他们的自信心和自尊心,激发他们进一步努力学习的动力。当学生发现自己的努力得到了认可和回报时,他们会更加有动力地投入学习中,进一步提高学习效果。由此可见,评价结果可以塑造学生积极的学习态度,让他们享受学习的过程。

2. 学习—评价—学习

学习与评价过程是一个循环往复的过程,教师和学生在这个过程中相互促进、相互反馈,以达到教学目标。这一循环过程包括多个关键环节,如学习目标设定、学习实践、评价反馈和调整改进等。

在学习过程中,学生通过参与各种学习活动,掌握知识、技能和情感态度。教师在这个过程中担任引导者和组织者的角色,通过设计丰富多样的教学活动,激发学生的学习兴趣,引导他们主动参与学习。评价反馈是学习与评价过程中的关键环节,通过评价反馈可以了解学生的学习情况和成绩。评价反馈为学生提供了调整改进的机会。在了解了自己的学习情况和成绩后,学生可以根据评价结果,及时调整学习策略和方法,进一步完善自己的学习过程。同时,教师也应该根据评价反馈,调整教学方法和策略,针对学生的学习需求和问题进行个性化指导。在调整和改进结束后,再次设定新的学习目标,开展新的学习实践,进行新一轮的评价反馈。

(三)"评"与"教"

1. 教学与评价结果相协调

通过评价结果,教师可以了解不同层次学生的学习情况,包括他们的掌握程度、理解深度以及能力水平,这有助于教师区分学生的学习水平,为后续的教学提供指导。评价结果反映了教学活动的效果,帮助教师了解教学过程中哪些方面取得了成功,哪些方面存在不足。通过分析评价结果,教师可以对教学过程进行评估和调整,进一步提高教学效率。不同学生的学习情况各异,评价结果能够帮助教师识别学生的个体差异,为每个学生提供针对性的指导和支持,满足他们的学习需求。

评价结果可以帮助教师发现教学中存在的问题和不足之处,比如教学内容不够清晰、教学方法不够有效等,通过分析评价结果,教师可以及时认识到这些问题,并有针对性地进行改进。基于评价结果,教师可以调整教学策略和方法,以提高教学效果。例如,针对学生的反馈意见,调整教学内容的难度和深度,采用更加生动有趣的教学方法,激发学生的学习兴趣和积极性。通过不断分析评价结果,教师可以逐步提升教学质量,使教学更加符合学生的学习需求和教学目标,进而提高学生的学习成效。

基于评价结果,教师可以对不同层次和不同能力的学生确定个性化的教学计划和教学活动。对于学习较快的学生,可以提供更多的拓展任务和挑战性作业;对于学习较慢的学生,可以提供更多的辅导和支持。评价结果可以帮助教师识别学生的个体差异,从而实施差异化教学。通过有针对性的教学活动和资源,教师可以满足不同学生的学习需求,促进他们的全面发展。评价结果可以帮助教师进行精细化的教学管理,及时发现学生学习中的问题和困难,为他们提供精准的学习指导和支持,提高学习效果。

2. 根据评价调节教学的进程与内容

评价结果能够调节教学进程的速度。评价结果提供了对学生学习进度的了解,教师可以根据学生的学习情况调节教学的速度。如果评价结果显示学生学习的速度较慢,教师可以放慢教学进度,提供更多的辅导和支持,确保每个学生都能够理解和掌握教学内容。相反,如果评价结果显示学生学习的速度较快,教师可以加快教学进度,提供更多的拓展任务和挑战性作业,以满足学生的学习需求,激发他们的学习兴趣和动力。通过及时调整教学的进程,教师可以更好地适应学生的学习节奏,确保教学的连贯性和有效性。

评价结果能够调节教学内容的多少,以确保教学内容的合理安排和学生的全面发展。如果评价结果显示学生已经掌握了当前的教学内容,教师可以考虑增加更多的拓展内容,丰富学生的学习体验,激发他们的学习兴趣。相反,如果评价结果显示学生对当前的教学内容仍然存在理解困难,教师可以适当减少教学内容,专注于重点内容的讲解和强化,以帮助学生更好地掌握基础知识。

二、"教、学、评"的目标一致性

(一)目标一致性的内涵

目标一致性是指事物的各个部分或要素组成一个有机协调的整体,并指向对同一概念的理解。教学评一体化强调了教、学、评三者之间的目标一致性,即教学活动的目标、学生的学习目标和评价的标准之间应该保持一致。这种一致性不仅体现在教学目标的设定上,还体现在教学过程的设计、学生的学习行为和评价结果的反馈上。

(二)实现目标一致性的途径

要实现"教、学、评"的目标一致性,需要将教学评看作"教"与"学"、"学"与"评"、"评"与"教"三因素所组成的统一整体。

教师制定的教学目标应该与学生的学习目标保持一致,即教学活动的目标应该符合学生的学习需求和能力水平。教学目标的设定应该明确、具体,并能够指导学生的学习行为和教学活动的设计。学生的学习目标应该与教学目标和评价标准保持一致,即学生的学习目标应该符合教学活动的目标和要求。学生应该清楚自己的学习目标,努力实现教学活动的预期效果,从而提高学习成效。教学评价的标准应该与教学目标和学生的学习目标保持一致,即评价结果应该能够准确反映教学活动的达成情况。评价标准的设定应该客观、公正,并能够指导教学过程的改进和优化。从具体途径来说,教师在教学设计中应该明确教学目标,确保教学活动的目标与学生的学习需求和能力水平相匹配。同时,学生也应该参与制定个人学习目标,以确保个人的学习目标与教学目标保持一致。要设计多样化的教学活动,以满足不同学生的学习需求和学习风格。教学活动的设计应该能够激发学生的学习兴趣,培养他们的学习能力和创新精神。最后,根据评价结果和学生的反馈意见,灵活调整教学策略和方法,以提高教学效果和学习成效。教学策略的调整应该符合教学目标和学生的学习需求,以确保教学过程的顺利进行。

"教、学、评"的目标一致性是教学评一体化的核心理念之一,是实现教学目标和提高教学质量的关键。明确教学目标和学习目标、设计多样化的教学活动、灵活调整教学策略、建立有效的反馈机制和促进学生的自主学习,可以有效实现教、学、评目标一致性,推动教学评一体化的深入发展。

三、"教、学、评"的过程融合性

"教、学、评"之间不是前后或者并列的关系,而是三位一体的关系。

首先是学生"自学"。在教学评一体化中,学生被视为学习的主体,他们被鼓励成为学习的主动者和自觉者。这意味着学生不仅仅是知识的接受者,而且是知识的建构者和运用者。教师通过激发学生的学习兴趣和动机,引导他们主动参与学习。评价结果作为学习的反馈机制,可以帮助学生了解自己的学习情况,从而激发他们的学习动力。[1]学生需要根据自己的学习目标和学习特点选择合适的学习策略和方法。教师在教学过程中可以为学生提供不同的学习资源和支持,帮助他们发展和运用有效的学习策略。学生应该在学习过程中不断反思和调整自己的学习方法和行为,以提高学习效果。评价结果可以帮助学生发现学习中存在的问题和不足,引导他们及时调整学习策略和行为。

其次是老师"不教"。教师不再是简单地向学生传授知识,而是更多地充当引导者和组织者的角色。教师应该关注学生的学习需求和学习过程,通过灵活的教学方法和策略,引导学生主动探索和发现知识。教师应该根据学生的学习特点和能力水平设计个性化的教学活动,以满足他们的学习需求。评价结果可以帮助教师了解学生的学习情况和成绩,从而更好地指

---

[1] 周志峰,卫爱国.学校社会工作视角下高校学生学习动力提升路径研究[J].成才之路,2024(5):25-28.

导教学过程的设计和实施。教师应该创造积极、合作、探究的学习环境,激发学生的学习兴趣和动机。评价结果可以帮助教师及时调整教学方法和策略,以提高学生的学习积极性和参与度。教师应该在学习过程中给予学生及时的指导和反馈,引导他们掌握有效的学习方法和技巧。评价结果可以帮助教师发现学生的学习问题和困难,为他们提供精准的学习指导和支持。

最后是评价促进。评价不仅是对学生学习情况的反馈,也是对教学过程的反思和改进。评价结果可以促进教师和学生之间的互动与合作,推动教学的不断优化和发展。[①]

学生主动自觉学习、教师重在引导而非灌输知识、评价促进教和学的互动与共同发展,共同构成了教学评一体化。

四、"教、学、评"的内容异质性

"教、学、评"三者之间在内容上存在着异质性,即它们并非完全重合或一一对应。这种内容异质性体现在三个视角,分别是学生、教师和评价系统的视角。首先,需要学生学习的内容并非都必须由老师来教授,并且有些内容即便是老师想要教授,也不一定能教会学生。其次,教师教授的内容和学生学习的知识并非都要进行评价,也就是在内容覆盖上并不重叠,因为评价和考试都是抽样调查。最后,评价的对象是学生的综合学习能力,并非直接对所有方面的知识和所有类型的技能进行考察。

(一)学生视角

学生可以通过自主学习、阅读、上网等多种途径获取知识。现代教学注重激发学生的主动性和创造性,因此,教师并不是唯一的知识来源,学生在教师的引导下应该学会自主获取和利用各种资源进行学习。合作学习和小组讨论是教学中常见的教学方式,学生在合作学习中不仅能够获取来自教师的知识,还能从同伴中学习到新的见解和经验,这种学习方式有助于培养学生的合作能力和交流能力。项目学习和实践体验是现代教学的重要组成部分,学生通过参与项目和实践活动,不仅能够获取知识,还能够培养解决问题的能力和创新精神,这种学习方式有助于将理论知识与实践技能相

---

① 胡文绫.向学生"借力",压力变动力[J].班主任,2024(1):53-55.

结合。

(二)教师视角

教师在日常教学中会对学生的学习情况进行观察和评估,通过课堂提问、小组讨论、作业布置、考试和测评等方式收集学生的学习反馈,但并不是每一个学生的每一个表现都会被评价。评价内容通常是教学重点和学习目标的代表性内容,教师通过对这些内容的评价来推断学生的学习水平和综合能力。项目评价和实践考核是对学生实际能力和综合素养的评价。

(三)评价视角

教学评价不仅仅关注学生的知识掌握程度,还关注学生的思维能力、创新能力、合作能力等综合素养。评价结果应该能够客观反映学生在各个方面的表现,从而全面评价学生的学习成果。尽管评价的重点是学生的综合能力,但基础知识和技能仍然是形成综合能力的重要基础。因此,评价结果应该能够间接反映学生对基础知识和技能的掌握程度,从而为综合能力的评价提供依据。评价方式应该多样化,既包括笔试、口试等传统评价方式,也包括项目评价、实践考核等综合评价方式。通过多样化的评价方式,可以更全面地了解学生的综合能力和学习成果。

第三节 教学评一体化理论在音乐教学中的应用

在义务教育的音乐鉴赏课程之中加入教学评一体化的体系是一种价值增加的尝试。教学评一体化理论和义务教育阶段的音乐教学是互为支撑和保障的关系。首先,从教学的角度来看,教师、学生和教材是其中的三大组成部分,内含于教师的教学评一体化系统本身就是教学的重要环节,对教学起到重要的支撑作用。其次,从教学的实施过程来看,教师与学生以教材为媒介进行实践,实践过程包含了教学的目标、方法、内容、策略、评价系统等多个因素。例如,从目标来看,教学评一体化强调考虑学生的个体差异,因此在音乐课堂上,可以根据学生的音乐兴趣、水平和特长制定个性化的学习目标,促进每个学生的全面发展。教师可以采用多种教学方法,如讲授、示范、小组合作、实践演练等,以满足不同学生的学习需求和学习风格,提高教学的灵活性和多样性。最后,从系统的综合评价和反馈指导来看,教学评一体化不仅关注学生的音乐技能水平,还包括音乐表演、创造、鉴赏等方面的综合能力,通过多种评价方式进行全面评价。评价结果作为教学的反馈机制,可及时发现学生的学习问题,为教师提供调整教学策略和方法的依据,促进学生的持续发展。综上所述,教学评一体化强调个性化目标设定和综合能力培养,有利于每个学生根据自己的兴趣和特长发展自己的音乐才能。其中多元化的音乐内容和教学方法,不仅能丰富学生的音乐体验,提高他们的音乐素养和审美能力,而且能鼓励他们在音乐创作和表演中发挥个人才华,培养创新精神。由此可见,教学评一体化系统包含着教师对音乐教学的目标锁定、内容编排、学情把握、策略抉择和框架组建等方面的整体认识,它不仅能改变教学目标、方法、内容、策略和评价系统,更能为音乐教育提供更广阔的发展空间,促进学生的全面发展和终身学习。

  在义务教育阶段,进行音乐教学的价值是不言而喻的,基于教学评一体化理论的音乐教学则在针对性上更具有价值指向性。教学评一体化是针对教师、学生和评价体系的主客体关系而构建的教学知识体系。需要注意的是,主客体关系并非将教师和学生或者教学和评价系统做出二元对立的划分,教师既可以作为客体,也可以作为主体,具有游离的自由特征,而学生和评价体系同样具有这些属性。教学评一体化在义务教育阶段的应用价值可以从三个方面来看。教师作为引导者和组织者,在教学评一体化中不再是简单地向学生传授知识,而是更多地充当引导者和组织者的角色。教师通过设定教学目标、设计教学活动、提供学习资源等方式,引导学生积极参与学习,发挥他们的主动性和创造性。教师作为反思者和改进者,需要不断调整教学方法和策略,以适应学生的学习需求和社会发展的变化。评价结果作为教学的反馈,可以帮助教师发现教学中存在的问题和不足,及时调整教学策略和方法,提高教学效果。学生作为主动学习者,他们不再是被动接受知识的对象,而是主动参与学习的主体。[①]他们应该根据自己的学习目标和学习特点选择合适的学习方式和学习资源,积极参与教学活动,发挥自己的学习能力和创造力。学生作为反馈的接受者,他们需要了解来自教师和评价系统的反馈,了解自己的学习情况和进步,及时调整学习策略和行为。评

[①] 边桂荣.以学生为主体的音乐教学理论与实践探索[D].济南:山东师范大学,2006.

价结果可以帮助学生发现学习中存在的问题和不足,为他们提供精准的学习指导和支持。评价系统作为促进者和指导者,不仅仅是对学生学习情况的反馈,更是对教学过程的反思和改进的有力推动。评价结果可以促进教师和学生之间的互动与合作,推动教学的不断优化和发展。评价体系作为激励者和引导者,其结果可以激发学生的学习动力和兴趣,引导他们更好地投入学习,努力提高学习效果。同时,评价结果也可以为教师提供指导,引导他们更好地调整教学策略和方法,提高教学效果。

可见,教学评一体化的实践使得教师、学生和评价之间的主客体关系发生了根本性的转变。如果将主体看作教师,客体看作学生,教学评一体化可以有效地突出音乐教学的目的性、过程性、整体性。如果将主体看作评价体系,将客体看作教师,教学评一体化能够改善教师的教学设计,提高课堂教学质量。如果将主体看作学生,客体看作教师,教学评一体化有利于推动学生积极体验教学活动,获得良好发展。传统的主客体关系是教师为主、学生为客、评价为客观标准,而在教学评一体化中,教师、学生和评价三者之间的关系更加平等、相互依存、相互促进。教师不再是单方面的知识传授者,而是与学生共同构建知识的引导者和组织者;学生不再是被动接受知识的对象,而是主动参与学习的主体;评价不再是对学生学习情况的简单反馈,而是对教学过程的深度反思和改进的有力推动。这种新的主客体关系体现了教学评一体化理念中"共同发展、相互促进"的核心价值观,将为教育教学实践带来深远的影响。

一、突出音乐教学的目的性、过程性、整体性

(一)目的性

教学评一体化将教学和评估紧密结合,通过制定可观测的学习目标,制定以核心素养为导向的教学目标,并根据这些目标安排学习计划和活动,从而实现教学和评估的有机结合。

1. 制定可观测的学习目标

音乐教学中的学习目标应当具备可观测性,以便教师和学生能够清晰地了解学习的方向和目标。教学评一体化理论通过帮助教师设计可观测的学习目标,为音乐教学提供有效的指导。这些学习目标可以涵盖多个方面,包括技能、知识、情感和态度等。例如,学生可以通过学习目标来掌握特定的乐器演奏技巧、理解音乐理论知识、表达音乐情感等。通过明确的学习目标,教师可以更好地规划教学内容和教学活动,帮助学生有针对性地进行学习,提高学习效果。

2. 制定以核心素养为导向的教学目标

音乐教育不仅仅是培养学生的音乐技能,还应当注重培养其核心素养,如创造力、表达能力、批判性思维、合作精神等。教学评一体化理论提倡以核心素养培育为导向,帮助教师制定合理的教学目标。在音乐教学中,教师可以通过教学评一体化理论,将音乐技能的培养与核心素养的培育相结合,设计出更全面、更具有价值的教学目标。例如,教师可以通过音乐创作、合作演奏等活动,培养学生的创造力和合作精神,从而使他们在音乐学习中不仅仅是技能的获取者,更是全面发展的个体。

3. 根据学习目标安排学习计划和活动

教学评一体化理论强调教学和评估的有机结合,要求教学活动和评估活动相互配合,以达到共同的学习目标。在音乐教学中,教师要根据学习目标安排学习计划和活动。通过教学评一体化理论,教师可以更好地选择适合学生的学习活动,并根据学习目标设计相应的评估方法。例如,教师可以组织学生参与音乐创作、合奏演出等活动,并结合音乐作品的评估、学生自评和同学互评等方式,全面了解学生的学习情况,及时调整教学策略,促进学生的音乐学习。

(二) 过程性

1. 音乐鉴赏过程

音乐鉴赏是音乐教学中的基础,它不仅仅是对音乐作品的欣赏,更是对音乐的理解和感知。教学评一体化理论可以帮助教师设计具体的学习目标,指导学生在音乐鉴赏过程中获得全面的音乐素养。通过教学评一体化理论,教师可以在设计鉴赏活动时考虑到评估的因素,例如,学生对音乐作品的理解程度、情感表达的能力以及批判性思维的发展等。通过评估学生在音乐鉴赏中的表现,教师可以及时调整教学方法和内容,帮助学生更好地提高音乐鉴赏能力。

2. 音乐聆听过程

音乐聆听是音乐学习的关键环节,它能够帮助学生感知音乐的美、理解音乐的内涵,并培养审美情趣。教学评一体化理论可以引导教师设计合适的聆听活动,并结合评估手段对学生的聆听能力进行评估。例如,教师可以设计聆听任务,要求学生分析音乐的节奏、旋律、和声等要素,并通过听力测试、书面作业等方式评估学生的聆听水平。通过教学评一体化理论的指导,教师可以更好地了解学生的聆听能力,从而有针对性地进行教学和辅导,提高学生的音乐欣赏水平。

3. 音乐表演过程

音乐表演是音乐学习的最后环节,它能够帮助学生培养音乐技能、提高表现能力,并增强自信心。教学评一体化理论可以帮助教师设定合理的表演目标,并结合评估手段对学生的表演水平进行评估。例如,教师可以通过观察学生的演奏技巧、音乐表达和舞台表现等方面,评估其表演水平,并及时给予反馈和指导。通过教学评一体化理论,教师可以更好地指导学生的表演实践,帮助他们不断提高音乐表演的水平,培养综合素养。

(三) 整体性

教学评一体化理论在音乐教学中的应用价值体现在保证目标、实践、评价的有机结合,以教为基、以学为首、以评为辅,以及以义务教育活化整体文化三个方面。通过这种理论指导下的教学实践,可以更好地促进学生音乐素养的全面发展,提高教学效果。

1. 保证目标、实践、评价的有机结合

在音乐教学中,教学评一体化意味着教师需要确保教学目标与实践活动和评价活动相一致。如果教学目标是培养学生的乐器演奏技能,那么实践活动可以包括练习演奏、合奏表演等,评价活动可以包括演奏评估、听课评价等。通过将这三者有机结合,教师可以更好地引导学生实现学习目标,并及时调整教学策略,以提高教学效果。

2. 以教为基、以学为首、以评为辅

教师是教学的主体,学生是学习的主体,评价是教学和学习的反馈和指导。因此,教学应该以教师为主导,通过精心设计的教学活动和评价方式,引导学生积极参与学习。在音乐教学中,教师可以通过组织多样化的音乐活动,激发学生的兴趣和动力,同时通过评价活动及时了解学生的学习情况,为他们提供必要的指导和支持,使教学更加有效。

3. 以义务教育活化整体文化

教学评一体化理论强调以义务教育活化中华民族文化,培养学生的全面发展。在音乐教学中,这意味着不仅仅要培养学生的音乐技能,还要培养其音乐情感、审美能力以及综合素养。通过教学评一体化理论,教师可以将音乐教育融入整体文化教育中,使学生在音乐学习中不仅仅是技能的获取者,更是具有良好音乐修养和文化素养的公民。这不仅有助于提高学生的音乐水平,还有助于他们更好地融入社会,为中华优秀传统文化的继承和社会文化的发展做出贡献。

二、改善教学设计,提高课堂教学质量

(一)提高教师的音乐素养

教学评一体化理论对于提高教师的音乐素养具有重要意义。教师的个人素养可以分为两方面,即一般性素养和专业性素养。教学评一体化理论对这两方面的素养具有全面的和有效的正向影响力。

1. 一般性素养

(1)教材的理解与使用

教学评一体化理论要求教师在教学过程中充分理解和使用教材,以确保教学目标的实现。在音乐教学中,教师需要对教材内容有深入的理解,包括音乐理论、音乐史、作曲技巧等方面。通过教学评一体化理论的指导,教师可以更好地分析教材内容,确定教学目标,并设计符合学生水平和需求的教学活动。同时,教学评一体化理论还要求教师不断反思和调整教学方法,以确保教学过程与教材内容的贴合度,从而提高教学效果。

(2)备课与课件制作

教学评一体化理论强调备课与课件制作的重要性,要求教师充分准备教学内容和教学资源,以支持学生的学习。在音乐教学中,教师可以通过精心设计的课件,提供丰富多样的音乐资料和学习资源,激发学生的学习兴趣。通过教学评一体化理论的指导,教师可以更好地根据教学目标和学生特点设计备课内容与制作课件,提高教学的针对性和有效性,进而提升教师的教学水平和专业素养。

(3)开发学生智力与启迪学生思维

教学评一体化理论要求教师通过教学活动开发学生智力和启迪学生思

维,培养学生的综合素养。在音乐教学中,教师可以通过多样化的教学方法和活动,激发学生的音乐创造力、表达能力和批判性思维。例如,教师可以组织学生进行音乐创作、合奏演出等活动,鼓励他们思考和探索音乐的艺术表现形式,从而促进其全面发展。通过教学评一体化理论的指导,教师可以更好地引导学生的学习,培养其综合素质,提高教育教学的质量。

2. 专业性素养

(1) 音乐赏析能力

教学评一体化理论鼓励教师在音乐赏析教学中将赏析视为教学的重要部分。教师需要通过引导学生,激发其兴趣,使学生主动参与音乐赏析活动,促进其对音乐作品的深入理解和感知。教师还要提升自身的音乐赏析能力,能够在设计音乐赏析课程上有方向感与号召力,引导学生发展批判性思维和审美能力。

(2) 歌唱教学能力

音乐课堂中大部分的案例都与歌唱这一技能有关,所以具备良好的歌唱技巧和教学方法对于教师而言也是极其重要的。教学评一体化理论要求教师在歌唱教学中注重教学目标的设定和评价的反馈,以提升自己的歌唱教学能力。教师通过不断学习和实践,提升自身的歌唱教学能力,才能有效评估学生的歌唱表现,更好地引导学生发展良好的歌唱习惯。

(3) 乐器使用能力

从义务教育中音乐课堂的需求来看,教师需要掌握一到两种较为重要的乐器,其中键盘或钢琴的使用是至关重要的。而对于中国的义务教育学生而言,能够使用少数民族乐器的老师同样具有不可替代性,对本民族代表性的乐器的掌握能够极大地提升器乐教学的质量。[1]教学评一体化理论鼓励教师在乐器使用能力方面注重实践和评价的结合,通过实际演奏和教学评价相结合的方式,不断提升自身的乐器使用能力。拥有这一能力的教师,能够更好地指导学生进行乐器演奏,促进其音乐技能的全面发展。

(4) 自我反思能力

教学评一体化理论鼓励教师在教学过程中注重反思和评价,及时发现

---

[1] 肖莉莎.基于教学评一致性的小学音乐课堂教学评价[J].亚太教育,2023(20):137-140.

问题并加以解决。自我反思能力是教师的专业性素质和修养中最重要、最关键的能力。目前,教育体制的不完善导致许多教师在这一方面的能力略显不足,具体的表现主要有教授策略单一化。自我反思是教师提升专业性素养的重要途径之一。通过自我反思,教师能够不断总结经验,改进教学方法,提升自身的教学水平。教学评一体化理论倡导教师在评价中不仅要关注学生的表现,还要反思自己的教学方法和效果,不断提高自身的教学能力和水平。

（二）以学生为主开展教学

以学生为主的教育观念是教学评一体化理论所倡导的核心和主题,其具体可以表现在系统把握音乐理论知识和音乐技能、在趣味和新颖的课堂中提升学生的核心素养,以及在音乐中提升学生的语言表达能力和人际交往能力。以音乐理论知识和音乐技能的系统把握作为源头,在趣味和新颖的课堂中提升学生的核心素养才能使理论知识和技术内化为学生自己的知识结构和体系。除了与音乐直接相关的能力外,在音乐中提升学生的语言表达能力和人际交往能力也是教学评一体化所关注的方面。

1. 音乐理论知识和音乐技能的系统把握

教学评一体化理论鼓励教师系统地把握音乐理论知识和音乐技能,并将其融入教学实践中。教师可以通过深入了解音乐理论和技能,设计多样化的教学活动,帮助学生全面掌握音乐知识和技能。例如,教师可以结合课堂教学和实践活动,引导学生学习音乐理论知识;同时通过实际演奏或创作音乐作品,巩固所学内容。这种教学方式能够激发学生的学习兴趣,提高他们的学习积极性,培养他们主动学习的意识和能力。只有将教学评一体化理论中以学生为主的教育观念贯彻到底,教师才能有足够的创造力和动力设计更多从不同方面提升学生音乐水平的教学活动。教师作为教学评一体化的客体要引导学生主动参与学习,从而激发其学习兴趣和积极性,培养其自主学习的能力。同时,教师还要关注学生的全面发展,注重培养其核心素养和综合能力,帮助他们成为具有创造力、批判性思维和合作精神的全面发展的个体。

2. 在趣味和新颖的课堂中提升学生的核心素养

在趣味和新颖的课堂中提升学生的核心素养是教学评一体化理论体系

的基础和源泉,这一方面的内容通常包括创造力、批判性思维、合作精神等不同能力的培育和锻炼。在音乐教学中,教师可以设计音乐游戏、音乐剧表演、音乐创作等具有多样性和共同目标的教学环节,从而最大限度地激发学生的兴趣、创造力和想象力,培养其团队合作精神和思维能力。通过教学评一体化理论的指导,教师能够化身为引导者和监督者,更好地引导学生参与音乐课堂活动,从而促进其音乐水平和素质的全面发展。

3. 提升学生的语言表达能力和人际交往能力

音乐不仅是一种艺术形式,也是一种抽象的语言形式,它能够帮助学生提升语言表达能力和人际交往能力,学生收获的不仅仅是音乐领域的书面知识,还有正确的人生观与世界观。教学评一体化理论高度强调在音乐教学中注重学生的语言表达和交流,以不同的奖励机制来鼓励教师通过音乐活动培养学生的会话能力、协同团队能力和人际交往能力。教师可以组织学生进行音乐合奏或合唱活动,要求他们在演奏或表演中相互配合、沟通交流,从而提高其人际交往能力。同时,通过分析音乐作品的歌词和情感表达,教师还可以帮助学生提升语言表达能力,使学生的共情能力有所提升。

(三)实现对学生的动态化评价与监督

教学评一体化理论强调评估与监督标准的一致化,旨在实现对学生的动态化评价与监督。这意味着评估和监督的标准应当与教学目标和学生发展需求相一致,以实现全面而有效的评价和监督。

1. 评估与监督标准的一致化

在教学开始之前,教师应当明确学习目标,并与学生共同设定评估标准,这样可以确保评估和监督的标准与教学目标相一致。学生了解了评估标准后,可以更清晰地了解自己的学习方向和目标,从而更有针对性地进行学习,并能更好地理解评估结果。

教学评一体化理论倡导运用多元化的评估方法,包括课堂表现观察、作业评定、项目展示、口头表达等,这样可以全面地评价学生的学习情况,避免单一评价指标带来的局限性。同时,教师可以根据不同的评估方法所获取的信息,及时调整教学策略,更好地满足学生的学习需求。[1]

---

[1] 彭洪莉.教师跨学科教学素养测评指标体系构建研究[D].重庆:西南大学,2021.

教学评一体化理论强调提供及时的反馈和指导,帮助学生更好地了解自己的学习情况,并及时调整学习策略。教师可以通过定期的评估活动和反馈机制,向学生提供个性化的指导和建议,帮助他们克服学习困难,提高学习效果。同时,及时的反馈也有助于学生树立正确的学习态度,增强学习动力。

综上所述,教学评一体化理论通过评估与监督标准的一致化,实现对学生的动态化评价与监督。通过明确学习目标与评估标准、运用多元化的评估方法、提供及时的反馈和指导,以及持续监督与跟踪学生进展,教师能够更好地了解学生的学习情况,提供个性化的支持和指导,帮助他们实现全面发展。

2. 评价与监督内容的准确化

教学评一体化理论鼓励教师通过评价学生的参与程度来全面了解他们在学习过程中的表现。参与程度可以通过课堂活动的积极性、讨论的深度和广度等方面来评价。教师可以采用观察记录、课堂回顾、学生自评等方式收集信息,从而准确评估学生的参与情况。通过了解学生的参与程度,教师可以及时调整教学策略,激发学生的学习兴趣和动力。

学习态度是学生学习过程中的重要表现之一,也是评价与监督的重要内容。教学评一体化理论鼓励教师通过观察学生的学习态度来评价其学习情况。学习态度包括学习的积极性、认真程度、自主性等方面。教师可以通过观察学生的课堂表现、作业完成情况、课后自主学习情况等方式收集信息,评估学生的学习态度。通过准确评价学生的学习态度,教师可以及时发现学生的学习问题,提供个性化的指导和支持,促进其学习态度的积极转变。

学习方法对于学生的学习成效具有重要影响,因此也是评价与监督的重要内容之一。教学评一体化理论鼓励教师通过评价学生的学习方法来了解其学习情况。学习方法包括学习的计划性、系统性、反思性等方面。教师可以通过观察学生的学习过程、作业完成情况、学习笔记等方式收集信息,评估学生的学习方法。通过准确评价学生的学习方法,教师可以及时指导学生选择合适的学习方法,提高其学习效率和学习质量。

学习成果是评价与监督的最终目标之一,也是教学评一体化理论关注的重点内容。教学评一体化理论鼓励教师通过评价学生的学习成果来了解其学习效果。学习成果包括学业成绩、课堂表现、作品展示等方面。教师可以通过考试成绩、作业质量、课堂表现等方式收集信息,评估学生的学习成果。通过准确评价学生的学习成果,教师可以及时反馈学生的学习情况,帮助他们发现不足,进一步提高学习效果。

综上所述,教学评一体化理论通过关注学生的参与程度、学习态度、学习方法和学习成果等方面,可以促进评价与监督内容的准确化。通过准确评价学生在这些方面的表现,教师可以更好地了解学生的学习情况,提供个性化的指导和支持,促进其全面发展。

3. 提供更灵活的评价方式

在教学评一体化中,观察评价、口头评价、书面评价和自我评价是常用的方式,它们有助于全面、多角度地了解学生的学习情况。

(1) 观察评价

观察评价是通过教师对学生在学习过程中的表现进行观察和记录,从而评价学生的学习情况。在音乐教学中,观察评价可以包括学生的演奏技能、表演态度、合作精神等方面。教师可以通过课堂观察、学生演奏会、乐队排练等方式进行观察评价,及时了解学生的学习进展和问题,并据此调整教学策略,提供个性化的指导和支持。

(2) 口头评价

口头评价是通过教师口头给予学生的反馈和评价,以促进学生的学习和成长。在音乐教学中,口头评价可以包括对学生演奏或表演的实时评价、对课堂讨论的引导和评价等。教师可以通过及时的口头评价,帮助学生认识到自己的优点和不足,激发其学习兴趣和动力,促进其进步和成长。

(3) 书面评价

书面评价是通过书面形式给予学生的反馈和评价,以记录学生的学习情况和成绩。在音乐教学中,书面评价可以包括作业评定、考试成绩、学习日志等。教师可以通过书面评价向学生传达更详细和具体的信息,帮助他们全面了解自己的学习情况,并据此进行反思和改进。

(4) 自我评价

自我评价是学生对自己学习情况和表现进行的评价和反思。在音乐教学中,教师可以通过鼓励学生进行自我评价,帮助他们发现自己的优点和不足,形成自我认知和自我管理能力。自我评价可以通过学生自主填写的评价表、学习日志、反思性作业等形式进行,为学生提供思考和总结的机会。

综上所述,观察评价、口头评价、书面评价和自我评价等为音乐教学提供了灵活的评价方式。这些评价方式能够使教师全面、多角度地了解学生的学习情况,帮助学生发现自己的优点和不足,形成自我认知和自我管理能力,从而促进其全面发展。①

三、促使学生积极体验教学活动

(一)提升学生的音乐文化理解力

1. 音乐作品及其背后的文化意义

教学评一体化理论鼓励教师通过教学活动和课堂讨论,引导学生探索音乐作品及其背后的文化意义。教师可以选择具有代表性的音乐作品,通过解析歌词、分析曲式和乐器运用等方式,帮助学生理解音乐作品所蕴含的文化内涵和历史背景。通过深入了解音乐作品,学生能够更好地认识到音乐与文化之间的密切关系,提升其文化理解力。

2. 音乐对文化发展的贡献和价值

教学评一体化理论强调音乐对文化发展的贡献和价值,教师通过教学活动和课堂讨论,向学生介绍不同文化背景下的音乐形式、风格和传统。教师可以组织学生研究不同文化背景下的音乐作品,分析其风格特点、表现形式和文化内涵,从而增强学生对音乐价值的认识。

3. 尊重文化多样性,增强文化自信

教学评一体化理论强调尊重文化多样性,通过教学活动和课堂讨论,促进学生对不同文化的尊重和理解。教师可以引导学生研究不同国家和地区的音乐传统和文化特点,了解其历史渊源和发展趋势,从而增强学生的文化自信心,拓宽学生的国际视野。通过深入了解不同文化背景下的音乐形式和传统,学生能够更好地认识到文化的多样性和丰富性。

教学评一体化理论通过探索音乐作品及其背后的文化意义、强调音乐对文化发展的贡献和价值、尊重文化多样性、增强文化自信等方面,提升学

---

① 杨乃馨.小学音乐"教学评"一体化的探索实践[D].扬州:扬州大学,2023.

生在音乐上的文化理解力。通过这些教学方法和策略,学生能够更深入地了解音乐与文化之间的关系,增强文化素养,拓宽国际视野,为终身学习和发展打下坚实的基础。

(二)提升学生的音乐审美感知力

1. 了解音响特征

教学评一体化理论鼓励教师引导学生深入了解音乐作品的音响特征,包括节奏、旋律、和声、音色等。通过分析音乐作品的音响特征,学生能够更深入地理解音乐的结构和表现形式,提升其音乐的审美感知力。教师可以通过音乐欣赏活动和听力训练,引导学生聆听音乐作品,分析其音响特征,并就其对音乐表达和情感传达的作用展开讨论,从而培养学生的音乐审美感知力。

2. 了解音乐特征

教学评一体化理论鼓励教师从音乐的体裁和题材出发,分析音乐特征,帮助学生深入了解不同类型音乐的风格和表现方式。通过对不同体裁和题材音乐的分析与比较,学生能够更全面地认知音乐作品的特点和魅力,提升其对音乐的审美感知力。教师可以组织学生进行音乐作品的分类和比较研究,引导他们探索不同体裁和题材音乐的特点与内涵,从而培养其对音乐的审美理解能力。

3. 识别音乐风格

教学评一体化理论强调通过特殊的文化背景识别音乐风格,帮助学生了解音乐与文化之间的密切联系,提升其对音乐的审美感知力。教师可以选择具有代表性的音乐作品,引导学生探索其背后的文化背景和历史渊源,分析其音乐风格和表现形式。通过深入了解不同文化背景下的音乐作品,学生能够更全面地认识到音乐与文化之间的关系,提升其对音乐的审美感知力。

教学评一体化理论通过认知音乐作品的音响特征、从体裁和题材出发分析音乐特征、在特殊的文化背景下识别音乐风格等方式,提升学生在音乐上的审美感知力。通过这些教学方法和策略,学生能够更深入地了解音乐的结构和表现形式,从而提升其对音乐的欣赏和理解能力,培养其音乐审美感知力。

(三) 提升学生的音乐艺术表现力

1. 在音乐实践活动中提高音乐鉴赏力

通过音乐实践活动，学生可以深入参与音乐的创作、演奏或表演，从而加深对音乐的理解和感知。教学评一体化理论鼓励教师在实践活动中引导学生分析音乐作品的结构、风格和表现手法。通过深入参与音乐实践活动，学生能够更加全面地理解音乐作品的内涵和表达，从而提升其艺术表现力。

2. 在音乐实践活动中增强信心和勇气

音乐实践活动是学生展示自己音乐才华和表现力的机会，也是培养学生信心和勇气的重要途径。教学评一体化理论倡导教师在实践活动中注重学生的个体发展和表现，鼓励他们积极参与音乐表演、合奏或创作等活动，从而增强其信心和勇气。通过充分展示自己的音乐才华，学生能够建立良好的自我形象和自信心，提升其艺术表现力。

3. 在音乐实践活动中产生情感共鸣和理性思考

音乐是一种情感表达的艺术形式，也是一门需要理性思考的学科。教学评一体化理论强调在音乐实践活动中培养学生的情感共鸣和理性思考能力，帮助他们更好地理解和表达音乐作品的情感和意义。通过参与音乐创作、演奏或表演等活动，学生可以深入体验音乐所传达的情感；同时能够通过分析和讨论音乐作品的结构和表现手法，进行理性思考。这种综合的学习方式有助于提升学生在音乐上的艺术表现力。

教学评一体化理论通过在音乐实践活动中提高音乐鉴赏力、增强信心和勇气，以及产生情感共鸣和理性思考等方式，提升学生在音乐上的艺术表现力。通过丰富多样的教学活动和个性化的评价方法，学生能够全面发展自己的音乐才华和表现力，从而更好地实现音乐教育的目标。

第二章　音乐课堂实践案例分析

第一节　实践案例分析与效果评估

一、丁雪莹的教学评理论观

A Musical Genius（一位音乐天才）是一件来自首都师范大学附属回龙观育新学校的丁雪莹的教学评一体化教学设计案例。该案例的主体研究对象是人与社会范围内的典型音乐家贝多芬，且课件是全英文的。虽然此案例与义务教育音乐课堂有较大差异，但是仍具有价值，其原因在于国内目前的相关案例较少，且多数没有经过实践的检验，因此作为实践案例分析不合适。而丁雪莹的案例通过了实践的检验，证明了其有效性，并且这一教例与本书探讨的典型音乐课堂也具有高度相关性。A Musical Genius 是在"三新"背景之下诞生的有关于教学评一体化设计的音乐课堂案例，大背景与理论方法的高度重合及课堂类型的一致为本次案例分析提供了依据。

丁雪莹认为，从课程标准到教材的编写和修订，再到课程实施中的转化，这一过程是极为重要的。学生作为这一过程的终端，其学习方式和效果是检测转化过程是否有效的关键，也是"三新"政策改革是否成功的标准。这是一个从宏观到微观、从抽象到具体、从标准到落实、从政策到行为的过程。无论课标和教材编写得有多好，都不是决定学生的学习体验和成效的关键因素，只有教师作为中介和转化剂介入这一过程，教学理念和内容才能成为最终助推学生成长的养分和动量，由此可以看出教学评一体化对于课程效果的重要性。[①]

[①] 张雪云."三新"背景下高中音乐"教—学—评"一体化教学策略[J].名师在线,2023(35)：88-90.

在转化中可能会出现许多问题。理念与实践脱节的情况在音乐课堂中是十分常见的,教师或许认同课程理念,但在实际落实过程中其本身也对课程理念有所疑惑,这是因为课程标准抽象而理论化,难以落实到具体指导实践操作,导致教师难以将理念转化为实际教学行为。理念与实践的脱节与教师缺乏对教学内容的深入分析和准确把握相关联,最终会导致教师在教学过程中无法很好地解释、展开课程内容,影响学生的学习效果。另外,对学情认识模糊、分析泛化也会导致教师难以有效地根据学生的实际情况调整教学策略和方法。教学目标是课程设计的关键,如果教师难以明确教学目的和期望的学习结果,最后将无法设计出有效的教学目标,从而严重影响教学的方向和效果。在评价阶段,教师缺乏对学生的关注也是一大问题,例如教师没有有意识地去考查学生是否学会了、他们是如何学会的,最后就会导致教师无法有效地评估教学效果,也无法及时调整教学方法和策略。课程标准转化为课程规划过程中,教师需要重视理念与实践的结合,深入分析教学内容,清晰认知学情,设计明确有效的教学目标,注重与学生的互动与沟通,关注学生学习情况,以提高教学效果和促进学生的全面发展。

丁雪莹认为,教学评一体化具有六大要素(见图 2-1),由六大要素可以引出教学评一体化对教师提出的三大挑战。一是教师在规划教学过程时要

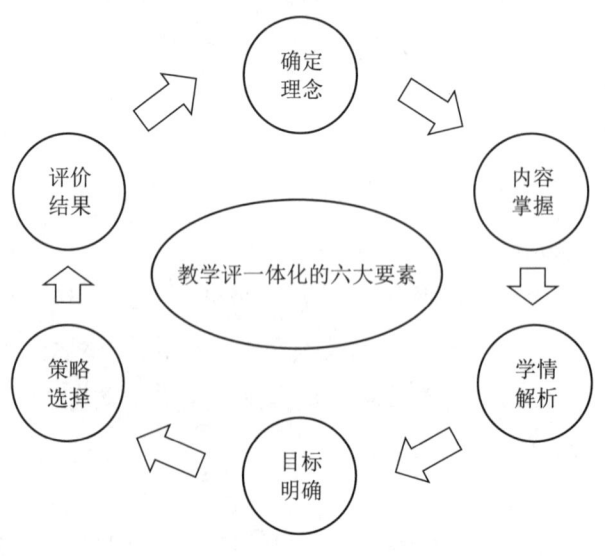

图 2-1　教学评一体化的六大要素

有明确的出发点和落脚点,确立明确的教学目标,并设计达成目标的具体步骤和方法。这需要教师对课程标准有深入的理解,并能将其转化为具体的教学行动。二是教学内容、教学方法、评价方式等课程要素之间应当有紧密的逻辑关联,确保教学过程的连贯性和有效性。教师需要在设计课程和教学活动时考虑这些要素之间的关系,以提高教学效果。三是教师应具有课程意识,而不仅仅是教学意识。这意味着教师需要将教学活动置于整个课程的框架下来考虑,关注课程目标的实现和学生学习过程的质量,而不是仅仅关注单次教学活动的效果。

丁雪莹还认为课堂是一个育人的系统。学生进入课堂时带有各种不同的知识、经验、能力水平和态度,这些来自学生个体的差异性构成课堂的多样性基础。教师在了解学生的起点情况后,要能够有针对性地设计教学内容和活动,以满足不同学生的需求,促进个体发展。在课堂中,教师要通过对教学内容的分析、教学目标的制定、教学活动的设计和实施以及教学评价的方式和手段,引导学生进行学习。通过课堂中的交互、讨论、实践等活动,学生不仅可在知识上得到增长,还能在经验、能力和态度等方面得到丰富、提升和转变。课堂的最终目标是帮助学生完成学习目标,即知识的增长、经验的丰富、能力的提升和态度的转变。通过课堂学习,学生不仅仅是在获取知识,更重要的是在提升综合素养、自主学习能力和社会交往能力。

丁雪莹对课堂评价系统的合理性也做出了一系列的分析。丁雪莹认为,评价系统应确保教师对教学内容和重难点的把握全面合理。评价可以通过教师的教案设计、教学过程中的讲解和引导、学生的作业和表现等方面来进行。评价系统还需要考查学生完成教学内容后的知识水平、能力表现。评价可以通过测试、作业、课堂讨论等方式进行。除此之外,评价系统的目标应该是可操作、可检测、可观测的。评价可以通过目标的设定和学生达成目标的表现来进行。评价系统还应该能够实时监测学生是否达到了预期目标,及时发现问题并做出调整和改进。

二、丁雪莹的课堂案例

在 A Musical Genius 中,丁雪莹通过三次文本分析为学生构建了 What、Why、How 的知识框架。What 的板块内容介绍了贝多芬和《第九交响曲》的基本情况。贝多芬是德国浪漫主义音乐时期最重要的作曲家之一,他的音乐作品深刻而富有激情。《第九交响曲》是他最著名的作品之一，也是史上最具影响力的交响乐之一。作品以其宏伟的音乐气势、深刻的思想内涵和创新的音乐形式而闻名。其中第四乐章《欢乐颂》更是被广泛用于庆祝各种重要场合。《第九交响曲》被誉为音乐史上的巅峰之作，象征着人类对自由、团结和美好未来的向往。What 板块所对应的评价要点为"教师对于课程内容和关键要点的把握是否足够全面"。丁雪莹认为课程内容的编排是非常重要的，虽然交际法、任务型教学等教学方法在教学过程中也很重要，但是教学重点并非单个单词，而需要将重点的词汇和语法放在整个语境之中来理解。在第二个板块 Why 中，丁雪莹介绍了贝多芬的生平故事和《第九交响曲》的创作背景故事。贝多芬创作《第九交响曲》的初衷是表达对人类团结、自由与和平的向往。在创作这部作品之前，贝多芬已经经历了一系列的挣扎和苦难，包括聋哑的痛苦以及个人生活的挫折。然而，他对人类的信心和对美好未来的向往从未动摇。在《第九交响曲》中，贝多芬试图通过音乐来传达对于人类团结与和平的愿景，特别是通过第四乐章的《欢乐颂》，将全世界的人们团结在一起，共同追求美好的未来。

将音乐作品放在创作者生平与文化历史背景中来赏析和理解具有重要的意义，这有助于我们更深入地理解音乐作品的内涵，以及其在当时的社会文化环境中的地位和影响。从乐理和技术来看，了解创作者的生平和时代背景有助于理解其音乐作品所运用的乐理和技术。例如，某个时期的音乐技术发展可能影响到作曲家的创作风格和技巧选择。通过了解创作者在特定历史时期的音乐技术和风格，我们可以更好地理解他们的作品，并欣赏到其中所体现的创新和独特之处。从歌词来看，音乐作品的歌词往往反映了当时的社会和文化氛围，以及作曲家个人的经历和情感。将歌词放在创作者生平和文化历史背景中来理解，可以帮助我们更深入地领会作品的情感内涵。同时，了解歌词所涉及的时代背景和文化内涵，也有助于我们更全面地理解作品的表达方式和意图。从旋律来看，旋律是音乐作品中最为直接、易于感知的部分之一，而创作者的生平和文化历史背景对于旋律的塑造和选择有着重要的影响。通过了解创作者的生平经历和所处的时代环境，我们可以更好地理解其创作的旋律所表达的情感和意义，以及与当时社会文化背景的关联。将音乐作品放在创作者生平与文化历史背景中来理解，有助于我们对音乐作品的欣赏。

第三个板块 How 是确定以课文为重点的教学内容。首先明确文章的性质,即人物传记类。课文的第一部分介绍了人物的生活经历,通过数据列举法表现了贝多芬在失聪之后所创作的大量作品。第二部分以《第九交响曲》的创作和表演过程为主要内容展开,强调课文中所运用的修辞手法,例如人物描写、正面描写、心理描写、肢体语言描写、侧面描写,等等。在介绍修辞手法的同时,将课文中的原文作为例句进行分析。教学的要点包括:第一,在课程结束之后,学生能够在脱离课本的情况下说出贝多芬的大致个人信息和当时的社会背景情况。第二,通过学习《第九交响曲》,学生能够与音乐作品中的情感发生共鸣,从而得到精神满足。第三,除了音乐赏析、品德分析,通过学习课文中对贝多芬的心理活动描写和肢体语言描写,学生能掌握英文的写作技巧。

在确立了教学内容之后,丁雪莹在课堂教学的过程中对学生的学情做了一番分析和总结。首先,学生对贝多芬的了解甚少,只知道贝多芬作为作曲家而闻名世界,甚至不知道任何贝多芬的代表作品。这一学情的背后表明学生对相关的音乐主题单词也缺乏积累。其次,在授课的实践过程中,丁雪莹曾经让学生使用思维导图来提取文章的结构,但是这一过程开展的效果不佳,因为学生缺乏绘制思维导图所需要的推理能力和归纳总结能力。另外,在学生回答课堂问题的时候,通常只能用单个单词来回答而不能造句。因此,丁雪莹设计了如下教学内容与教学过程(见表 2-1)。

表 2-1 贝多芬生平与《第九交响曲》创作背景教学目标及过程

课程目标	活动形式与步骤	活动意图	学习效果点评
目标 1 获取贝多芬的 个人基本信息 收集、梳理、 归纳、概括 内化	1. 学生需要阅读第一自然段,并对测试自我纠错	引导学生阅读文章的第一自然段,并获取有关贝多芬的基本信息	学生对测试进行纠错,对信息重新调整,并能够脱离课文阐述贝多芬的基本信息
	2. 学生需要对同学讲述贝多芬的大致信息	通过对贝多芬基本信息的复述,内化有关贝多芬的知识	
	3. 学生一起讨论什么信息表明贝多芬是一个天才	引导学生找出贝多芬作为天才的例证	

续表

课程目标	活动形式与步骤	活动意图	学习效果点评
目标2 概括和整合《第九交响曲》的创作和演奏过程，并完成信息结构图 概括、归纳、总结	4. 学生需要假设接下来谈论的内容，并浏览整个段落	引导学生使用预测和扫读的方法来获取文章的主要内容	学生能够借助思维导图的工具来表现文章的整体结构，完成信息的补充。通过小组内部交流以及问答环节，来对自己的笔记进行及时的修改和补充
	5. 老师引导学生使用视觉组织图去描述《第九交响曲》的创作过程	引导学生使用图像来归纳整篇文章的结构	

在音乐课堂中，可以通过多种方式来实现教学目标。如通过介绍音乐家的生平和创作年代，让学生更深入地理解音乐作品背后的情感和艺术家的表达意图；通过对具体乐段的重复赏析和表演，让学生在参与的过程中学习音乐理论与技巧，提升其表现力和艺术感悟；通过对歌词的赏析，让学生了解其中遣词造句的技巧，同时掌握韵律的知识。

虽然How板块的主要内容是英文课文的学习，但是从丁雪莹的教学目的和教学内容来看，有许多值得借鉴学习的地方。

第二节 音乐课堂教学设计与实施

基于教学评一体化的音乐课堂教学设计与实施是一种更具有结构性和系统性的教学设计理念，该理念的特征在于突破单节课程的狭窄视角，以音乐课标理念为基础和标准，进行单元的统一规划，提炼单元精华，落实单元目标和课时目标，从而建立不同单元之间的结构联系和内容联系。每一单元的内部，不同课程的教学计划都需要设置问题链，在宏观角度上保证教学活动始终不离目标。

在中国义务教育课程中，民歌学习是音乐教育的重要内容之一。学生在小学和初中阶段都会接触到民歌学习。民歌通常包括民间歌曲、少数民族歌曲等，学生会学到不同地区、不同民族的民歌。其教学目标主要包括培养学生对民族音乐的理解和欣赏能力，提高学生的音乐素养。教师通常会采用多种教学方法来帮助学生进行民歌学习，包括课堂讲解、歌曲欣赏、歌曲表演、合唱排练等，通过生动的教学活动，激发学生的学习兴趣，提高他们对民歌的理解和表现能力。民歌学习的课程评价主要包括听力测试、口头表达、歌曲表演等,通过这些评价方式,教师可以全面了解学生对民歌学习的掌握程度和表现水平,及时进行反馈和指导。通过学习民歌,学生不仅可以感受到民族音乐的魅力,还可以增进对民族文化的理解和认同,促进自身的全面发展。[1]

民歌学习在中国义务教育课程中具有重要地位,是培养学生音乐素养和文化意识的重要途径之一,因此教材中的民歌内容丰富多样,涵盖了不同地区、不同民族的民歌作品。然而,这些内容通常是分散在不同的章节或单元中,缺乏系统性和连贯性,这可能导致学生对民歌的理解和感受不够深入。民歌的风格多样,包括山歌、草原歌曲、渔歌等,每种风格都有其独特的特点和表现形式,然而教材往往没有对不同风格的民歌进行深入的介绍和解读;民歌的表现形式丰富多样,有独唱、合唱、器乐合奏等形式,然而教材对民歌的表现形式往往只是简单介绍,缺乏深入分析和引导。如要更好地让学生掌握与传承民族文化,教材编写需要进一步完善民歌内容的选取和组织,加强对民歌的解读和分析,引导学生深入了解和欣赏民歌,从而提升其对民族文化的认知和理解能力。

一、立足课程标准,挖掘单元主旨

(一)价值观念

音乐作为中国传统文化的重要组成部分,在音乐课堂中扮演着传承和弘扬中华优秀传统文化的重要角色。通过学习中国古典音乐、民族音乐等,学生可感受到中华优秀传统文化的博大精深,培养对中华优秀传统文化的认同感和自豪感。同时,通过演唱古典诗词、传统戏曲等,学生可感受到中华优秀传统文化对情感表达和思想感悟的独特魅力。音乐课堂还需要秉持学科立德树人的理念,培养学生的美感、审美情趣和情感表达能力,塑造学生良好的品格和人文素养。通过学习音乐,学生可以培养自身的审美情趣和艺术修养,提高自身的情感表达能力和社交能力,从而促进素质的全面发展。素质教育也是音乐课堂中的重要组成部分,应当注重培养学生的综合素质和创新能力。在音乐课堂中,学生不仅仅是学习音乐知识和技能,更重

---

[1] 潘学宁.核心素养视域下初中民歌教学研究[D].呼和浩特:内蒙古师范大学,2023.

要的是培养审美情趣、创造力和团队合作精神。①通过合唱、合奏、创作等形式的音乐活动,学生能够培养自己的团队合作能力和创新精神,提高综合素质水平,为未来的学习和生活奠定良好的基础。②

(二)课程标准

《义务教育音乐课程标准(2022年版)》涵盖了多个层次的标准,包括核心素质内涵、总目标以及学段目标。

一是核心素质内涵。《义务教育音乐课程标准(2022年版)》认为教师应当培养学生对音乐的审美感知能力,使其能够欣赏、感受和理解不同风格、不同形式的音乐作品,提高审美鉴赏水平;培养学生的音乐表达能力,使其能够通过声音、节奏、演奏等方式进行艺术表现,表达自己的情感和思想;培养学生的创造性思维和创新能力,使其能够在音乐创作、演奏等方面展现个性和创意;培养学生对音乐文化的理解和认知,使其了解音乐的历史、地域、风格等方面的知识,增强文化自信。

二是总目标,即提升学生对音乐的欣赏和感知能力,提升学生音乐的表达和演奏能力,提升学生对传统音乐文化的认知和理解能力,拓宽学生的国际视野,提升学生的跨文化交流能力。

三是学段目标。对于第一学段的学生,学校应当重点培养其音乐感知和表现能力,注重唱游、音乐、造型等方面的综合培养。对于第二、第三学段的学生,应该进一步加强其音乐审美和表现能力,注重音乐的基础理论知识和技能培养。对于第四学段的学生,应当拓宽其艺术视野,注重音乐、舞蹈、戏剧、影视等多种艺术形式的学习和实践。

(三)教学目标

1. 学科内容及要求

根据《义务教育音乐课程标准(2022年版)》可知,学科内容需要围绕"系统性学习中文音乐和不同时代、不同国家、不同民族的代表作品,感知音乐中所体现的民族精神和时代精神,感受不同地域和不同历史时期下音乐家所具有的情感,了解不同地区的音乐传统并热爱中华民族优秀的民族音乐

---

① 张裕千.小学音乐教学中培养学生音乐文化与情感素养的策略[J].小学生(中旬刊),2024(3):88-90.
② 潘学宁.核心素养视域下初中民歌教学研究[D].呼和浩特:内蒙古师范大学,2023.

文化,取其精华,去其糟粕,学习世界其他民族的音乐,对音乐文化的多样性有一定掌握"。《义务教育音乐课程标准(2022年版)》要求学生通过听觉感知和分析不同民歌的音乐特点,包括旋律、节奏、音色等方面的差异,理解民歌所表达的情感,例如欢乐、悲伤、怀念等,通过音乐语言来表达和传递情感。另外,学生还需要选择并背诵一首经典的民歌作品,例如《茉莉花》《映山红》等,加深对民歌的理解和记忆。这背后的目的是使学生通过背唱经典民歌,培养对音乐的表达能力,提高音乐技能。课程标准还要求学生了解民歌的不同题材和类型,包括山歌、号子和小调等,理解其音乐风格和表现形式。学生通过分析不同题材民歌所反映的地域文化、民俗风情等特点,加深对民歌的认识和理解。最后,通过唱歌、演唱、合唱等形式,亲身感受和体验民歌的魅力,深入了解民歌背后的文化内涵和情感表达。

在音乐课堂中,以上内容和要求可以通过多种教学手段和活动来实现,如听歌欣赏、课堂讨论、歌曲学唱、实地体验等,从而使学生在欣赏、理解和表达民歌的过程中,全面发展个人音乐素养,增强文化自信和认同感。

2. 教材大单元

学科内容及要求对教材单元的编写有重要的指导意义。教材单元一般由三到四个单元构成。可从音乐的类型入手,确定教材单元是以西方音乐为主还是以东方音乐为主。在义务教育阶段的教材单元中,一般都以中国某地区的民族歌曲为重点。

教材大单元系统在每个大单元中融合了多个教学要素,以促进学生的综合能力发展。在这种系统中,各个方面的设计相互交织,共同构成了其整体特点。以下将从单元教学的内涵与组元,单元分析与单元主题设计,单元目标与单元评价设计,结构化任务递进化活动设计,课型、作业与测评规划,学术沙龙与单元回顾这几个方面谈教材大单元系统的整体特点。

教材大单元系统突出了教学内容的系统性与整合性,它将一定范围内的相关知识点、技能要求以及情感态度等方面的内容进行整合,形成一个有机的整体。每个大单元都是一个完整的教学单元,内部组成要素相互关联、相互支撑,使学生能够全面理解和掌握所学知识。在教材大单元系统中,单元分析是关键的一环,教师需要对学科内容进行深入分析,确定单元的主题与核心概念,以及学生的学习需求。在此基础上,进行单元主题设计,确保主题的连贯性与完整性,使学生能够形成系统的认知结构。教材大单元系统注重学生的综合能力培养,因此在设计单元目标时,既包括了知识与技能的掌握,也包括了情感态度等方面的培养。同时,单元评价设计也是综合性的,既包括了对知识技能的考核,也包括了对学生综合能力的评价。教材大单元系统注重任务驱动的教学模式,通过设计结构化任务,使学生在解决问题的过程中获得知识与技能。[①]这些任务是递进的,从简单到复杂,从表层到深层,帮助学生逐步提升自己的认知水平。教材大单元系统充分利用各种课型,如探究式教学、合作学习、案例分析等,以满足不同学生的学习需求。同时,作业设计也与课堂教学紧密相连,帮助学生巩固所学知识。测评规划也考虑了多样性,包括日常测评、阶段性测评以及综合性测评等。教材大单元系统注重学术氛围的营造,通过学术沙龙等形式,为学生提供交流与分享的平台,促进学生的思想碰撞与成长。同时,单元回顾也是教学过程中的重要环节,通过回顾总结,帮助学生进一步巩固所学知识,发现问题并加以解决。

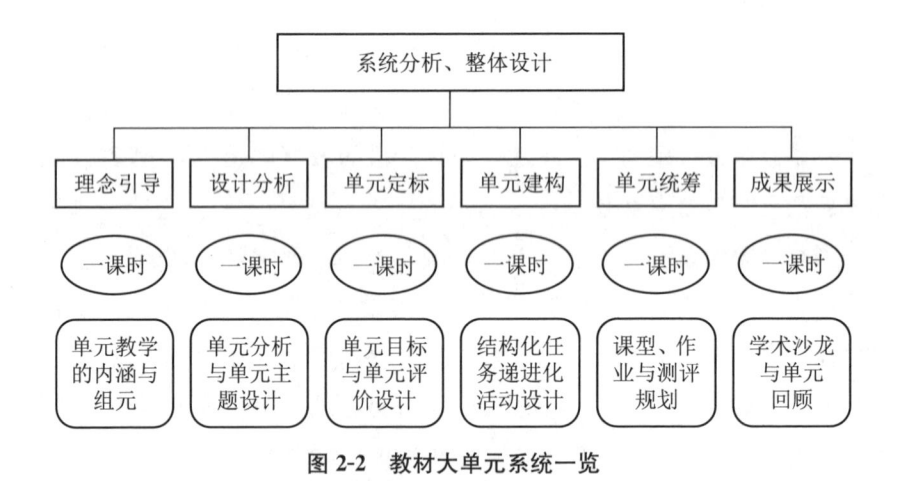

图 2-2 教材大单元系统一览

需要注意教材单元与教材大单元的区别。教材单元是同一知识主题下相对独立且自成系统的内容整体。而教材大单元是基于一定的目标和主题,将教学内容中具有关联性的要素加以组织的最小教学单位。相较于传

---

① 盛虹.基于"教学评一致性"的初中音乐"大单元"教学设计策略——以《多彩的汉族民歌》为例[J].新课程评论,2022(1):103-111.

统的教材单元,大单元教学具有知识体系化,更容易转化成素养概念驱动式,更有利于能力迁移探究式合作,有助于提升学习效率和培养完整认知思维等优势。

第一,传统教材单元教学通常以教科书为主要学习材料,内容较为零散,难以形成系统性的知识体系。学生在学习过程中可能需要借助其他参考资料来填补教材内容的不足。教材大单元教学采用多样化的学习材料,如教科书、课外阅读、网络资源等,以满足学生不同层次、不同兴趣的学习需求。整合各种学习材料,有助于学生形成更为完整和深入的学习体验。第二,传统教材单元教学课程知识通常按章节顺序进行组织,学生在每个单元内学习相对独立,缺乏知识之间的联系与整合。教材大单元教学强调知识的整合与深化,将相关知识点有机地融合在一个大单元内,使学生能够更清晰地理解知识的内在逻辑和联系,促进跨学科思维的发展。第三,传统教材单元教学以教师为中心,注重知识的传授和学生的接受,教学方式较为单一,主要以讲述、演示为主。教材大单元教学注重学生的主体地位,采用探究式教学、合作学习等多种教学方式,激发学生的学习兴趣,培养其批判性思维和问题解决能力。第四,传统教材单元教学情境任务相对单一,多为书本上的练习题或者简单的应用题,缺乏真实生活情境的融入。教材大单元教学设计更加贴近实际生活和工作场景的情境任务,让学生在解决实际问题的过程中获得知识的应用和实践能力。第五,传统教材单元教学主要依赖教科书和教师讲解,课程资源相对单一,难以满足学生多样化的学习需求。教材大单元教学充分利用各种教学资源,包括多媒体资料、网络资源、实地考察等,为学生提供丰富的学习体验和资源支持。

表 2-2　传统教材单元教学与教材大单元教学的不同

比较点	传统教材单元教学	教材大单元教学
学习材料	多篇课文,单篇教学为主	多篇材料,统整教学为主
课程知识	知识零散	大概念统摄
教学方式	教师讲授、灌输为主	学生自主合作探究学习为主
情境任务	无情境	真实情境任务创设
课程资源运用	单一有限的教材文本资源	丰富多元的课内外资源

3. 单元主旨

确定单元学习的内容和顺序是教学设计中至关重要的一环，教师需要考虑学生的认知规律、知识结构、教学内容之间的相互补充与关联，以及教学内容的难易程度等因素。考虑学生认知发展的规律，应当从简单到复杂、由浅入深地组织教学内容。根据学生的认知能力和心理发展阶段，逐步引导学生建立知识体系，使其能够逐步理解和掌握学习内容。教师要了解学生的知识结构和基础，有针对性地设计单元学习的内容。对于已有基础的知识点，可以进行延伸拓展或深入学习；对于学生较为陌生的知识点，则需要逐步引入和讲解，确保学生理解和掌握。设计单元学习的内容时，应当考虑教学内容之间的相互补充和关联关系。将相关的知识点或技能进行整合，形成完整的学习单元，使学生能够将所学知识点进行综合运用和理解。教师要根据学生的实际水平和学科特点，合理确定教学内容的难易程度。可以采用渐进式教学方法，逐步增加学习内容的难度，确保学生在学习过程中既有挑战性，又能够获得成就感。在确定单元学习的顺序时，教师还可以考虑课程标准和教材设置的逻辑顺序，以及学科知识的重要性和先后关系。通过综合考虑以上因素，教师可以有效地确定单元学习的内容和顺序，为学生提供系统、科学的学习体验，促进其全面发展。

4. 单元内作品内涵、作品之间的关联性

在一个单元的范围内包含多首作品，不同作品的内涵不能是杂乱无章或者随机的，需要有意识地编成有逻辑、相关联的作品集，这一作品集需要指向同一个单元主旨，如表2-3所示。

表2-3 某教学单元中作品的内在联系

教学内容	知识脉络梳理	主要教学活动
《故乡是北京》	初步感受京剧唱腔的特点，解读拖腔在京剧演唱中的作用	聆听、哼唱
《甘洒热血写春秋》	拖腔在这一唱段中亦有体现，学生能够认识锣鼓经中的主要乐器并演奏锣鼓经	聆听、学唱、演奏
《隆里格隆》	演唱并使用锣鼓经常用乐器为歌曲伴奏	完整演唱，自主学习演奏
《夜深沉》	理解京剧表演艺术中的主要旋律乐器	聆听、哼唱

《故乡是北京》《甘洒热血写春秋》《隆里格隆》《夜深沉》这些作品都具有京剧文化和表演艺术的元素,它们之间存在高度的关联性。

《故乡是北京》是一首经典的京剧曲目,通过它可以初步感受京剧的唱腔特点。京剧唱腔独特,其声韵婉转,情感丰富。拖腔是京剧唱腔中的一种常见技巧,它通过延长音节的时间,使情感更加深沉,情绪更加绵长。在《故乡是北京》中,可以体会到拖腔的运用,它使得歌曲更加抒情,增加了表演的艺术感染力。《甘洒热血写春秋》是一段富有悲壮气氛的京剧唱段,其中也体现了拖腔的运用。学生通过学习这一唱段,不仅能够感受到拖腔的表现力,还可以认识到京剧中常见的锣鼓经乐器,如锣、鼓等,并学习演奏锣鼓经,从而进一步了解京剧的音乐特点和表演技巧。《隆里格隆》是一首典型的京剧曲目,歌词生动形象,旋律欢快流畅。在演唱这首歌曲时,常常会配以锣鼓经中的常用乐器作为伴奏,如锣、鼓等。这些乐器的运用不仅可增加歌曲的节奏感和戏剧性,还能丰富表演的形式和内容,使得表演更加生动。《夜深沉》是一首富有京剧特色的歌曲,其旋律婉转悠扬、情感深沉。在演唱《夜深沉》时,常常会使用京剧表演艺术中的主要旋律乐器,如二胡、琵琶等,这些乐器的运用使得歌曲更加具有京剧的风格和特色,让听众更加深入地了解京剧文化。

5. 学习重点

(1) 学习特定音乐种类的作品

通过学习特定音乐种类的经典作品,学生可以了解该音乐类型的特点、历史和演变过程,这有助于培养他们对音乐的鉴赏能力和理解水平。引导学生分析这些作品的音乐元素,例如旋律、节奏、和声、器乐运用等,可使他们深入理解该音乐种类的创作技巧和表现形式。

(2) 增加实践经验

鼓励学生参与音乐创作、编曲和演奏,通过亲身实践来加深对音乐创作过程和演奏技巧的理解。安排合唱、乐队、室内乐等集体音乐表演活动,培养学生的团队合作精神和舞台表现能力。

(3) 促进核心素养的发展

强调音乐与其他学科的交叉,例如音乐与历史、文学、视觉艺术等的关联,帮助学生拓展对音乐的多维理解。注重培养学生的批判性思维和创造性表达能力,通过讨论、写作、创作等方式,促进学生对音乐文化的深入思考和个人表达。整合技术手段,例如音乐制作软件、录音设备等,让学生掌握音乐技术,并将其应用于创作和表演中。

6."万千风采——迷人的民歌"单元教学设计

(1) 教材大单元

"万千风采——迷人的民歌"单元按照地区和民族划分了两大部分的民歌学习,分别为"少数民族民歌"和"汉族民歌"。单元选择了10首不同风格、题材、地域、体裁的民歌,内容体系庞大且繁多,为了使内容的深度和广度有所增加,必须对教材内容的结构进行组织,而不能仅照搬教材上的内容。

表 2-4 "万千风采——迷人的民歌"单元内容

单 元	鉴赏作品	体 裁	地 域	民 族
万千风采——迷人的民歌	《送郎当红军》	田歌	江西中、北、东部	汉族
	《茉莉花》	民间小调	江苏	
	《浏阳河》	民族美声唱法	湖南	
	《小白菜》	小调	河北	
	《黄河船夫曲》	号子	陕北	
	《落水天》	渔歌、咸水歌	广东	
	《掀起你的盖头来》	舞曲	新疆	维吾尔族
	《嘎达梅林》	民歌	内蒙古	蒙古族
	《康定情歌》	民谣	四川	藏族
	《马儿快快跑》	山歌	中国西南地区	彝族

"万千风采——迷人的民歌"是一个旨在探索和领略民歌艺术魅力的学习单元。通过学习民歌,让学生熟悉各地区不同的民歌体裁和地域风格,深入了解民族文化的丰富内涵,培养审美感知和艺术表现能力。

民歌作为一种特定的音乐形式,具有其独特的表现方式和特点。在学习单元中,学生将首先了解民歌的基本概念,包括其定义、特点、分类等,通过听不同地域的民歌,学生可以感受到民歌丰富多样的风格和表现形式。此外,学生还将学习到民歌的演唱技巧和表达方法,包括音乐节奏、语调变化、情感表达等。民歌作为民族文化的重要组成部分,承载着丰富的历史、地域和民族情感,在学习单元中,学生将通过学习民歌的背景和历史文化,了解不同民族、地区的文化传统和民俗习惯。例如,学生可以了解到一些民歌的诞生背景、传承方式,以及与当地生活、劳动、宗教等方面的关联。通过深入理解民歌的文化内涵,学生可以增进对民族文化的认知和理解,培养跨文化交流和包容性思维。民歌以其朴实、真挚的情感表达和独特的旋律风格吸引着人们的注意,在学习单元中,学生将通过欣赏经典民歌,感受其优美的旋律、动人的歌词和深刻的情感内涵。通过引导学生分析和解读民歌的表现手法与情感渲染方式,培养学生的审美感知能力,提升他们对音乐艺术的鉴赏水平。同时,学生还将学会欣赏不同地域、不同民族的民歌风格,拓宽自己的审美视野。学习单元不仅要求学生欣赏民歌,更重要的是提升学生的艺术表现能力,让他们能够通过表演和创作来展现自己对民歌的理解和情感体验。学生可以参与民歌的合唱、独唱等形式的表演活动,通过演唱、舞蹈、乐器演奏等方式来表达自己的情感和理解。[①]同时,学生还可以通过创作新的民歌歌词或曲调,展现对民歌艺术的创新和思考,提升艺术创造力和表现能力。

"万千风采——迷人的民歌"学习单元通过固化已知内容、指向文化理解、引导学生审美感知和艺术表现等方面的设计,旨在全面培养学生对民歌艺术的理解和欣赏能力,促进他们在音乐艺术领域的全面发展。

(2)单元核心与基本问题

了解汉族与少数民族民歌的体裁和风格特点。

(3)学段目标

第二学段(3—5年级)。

二、分解单元目标,明确课时目标

(一)分解单元目标

教学评一致性的关键在于教学目标要以课程标准为基础,并且精准知道课程的教学内容。明确的、清晰的单元目标和课时目标能够使教师深刻地把握音乐课程的标准,把握对所有学生的总体期望,将课程目标从概括的分解为具体的,即详细的单元目标和课时目标。

[①] 盛虹.基于"教学评一致性"的初中音乐"大单元"教学设计策略——以《多彩的汉族民歌》为例[J].新课程评论,2022(1):103-111.

分解音乐课堂的单元目标需要考虑行为主体、行为动词、行为条件和表现程度这四个要素。这些要素能够帮助教师明确目标,指导学生的学习行为,促进课堂教学的有效开展。下面将从行为主体、行为动词、行为条件和表现程度四个要素出发,详细阐述如何分解音乐课堂的单元目标。

行为主体指的是实施行为的主体,即学生在课堂中扮演的角色。在音乐课堂中,行为主体通常是学生,因为他们是课堂教学的接受者和参与者。行为动词指学生在课堂中需要完成的具体行为。在音乐课堂中,行为动词可以涵盖以下几个方面:第一,感知。学生通过听、观察等感知方式,了解音乐的基本元素、风格特点等。第二,表达。学生通过声音、乐器等媒介表达自己的情感和理解,例如演唱歌曲、演奏乐器等。第三,分析。学生分析音乐作品的结构、形式、表现手法等,深入理解音乐的内涵。第四,创作。学生通过创作新的音乐作品或改编已有的作品,展现自己的音乐创意和才华。行为条件指的是学生完成行为所需要具备的条件或环境。在音乐课堂中,行为条件包括:教学资源,如音乐教材、乐器、音频、视频等;指导与示范,教师的指导与示范对学生完成音乐活动起到重要作用;学习环境,包括课堂氛围、学习氛围等,能够影响学生的学习效果和积极性。表现程度指学生完成行为的要求程度,通常包括:理解程度,学生对音乐知识、技能等的理解程度,包括表面理解和深层次理解;应用程度,学生将所学的音乐知识、技能应用到实际音乐活动中的能力;创造程度,学生在音乐创作或演奏中的创造性发挥程度,表现出自己的个性和创新能力。

综合以上四个要素,下面通过三个方面来详细阐释如何分解音乐课堂的单元目标。

第一,在何种情境中。初级水平:在音乐课堂中,学生通过听音乐作品,观察演唱、演奏等表演活动,感知音乐的基本元素和风格特点。中级水平:在音乐课堂中,学生参与唱歌、演奏乐器等活动,表达自己的情感和理解,通过合作与互动进一步加深对音乐的体验。高级水平:在音乐课堂中,学生进行音乐分析与创作,深入理解音乐的内涵,发挥自己的创造性思维和表现能力。

第二,做什么和怎么做。初级水平:学生通过听音乐作品,观察演唱、演奏等表演活动,了解音乐的基本要素和表现形式。[①]中级水平:学生参与唱歌、演奏乐器等活动,表达自己的情感和理解,通过模仿与练习提高自己的演唱、演奏技巧。高级水平:学生进行音乐分析与创作,通过对音乐作品的分析和理解,创作出具有个性化特点的音乐作品,展现自己的音乐创意和才华。

第三,做到什么程度。初级水平:学生能够简单地感知音乐作品的基本元素和风格特点,对音乐表现形式有初步理解。中级水平:学生能够较准确地表达自己对音乐的情感和理解,具备基本的演唱、演奏技能。高级水平:学生能够深入分析音乐作品的结构和表现手法,具备较高水平的音乐创作和表现能力。

(二)明确课时目标

分解之后的单元目标,如果没有得到清晰表述,仍然需要继续分解和细化。将教材的单元目标转化为更详细的课时目标是教学设计中非常重要的一环。详细的课时目标可以更好地指导教学过程,使学生在每堂课上都能明确目标、有针对性地进行学习。在设置课时目标时,教师需要考虑学生的学习需求、教学资源和课时安排等因素,确保目标的具体性和可操作性。下面将从设置预先提示和课后习题的角度出发,介绍如何将单元目标转化为课时目标,并结合具体例子进行分析。

单元目标通常是对整个单元学习过程的总体要求,而课时目标则是对每堂课学习的具体要求和期望。在转化为课时目标时,可以根据单元目标的不同方面,将其细化为适合每节课的具体目标,以便更好地引导教学活动和学习过程。例如,如果单元目标是"学生能够理解并运用某一特定音乐概念",那么在具体的课时目标中,可以将其分解为"学生能够描述该概念的定义和特点""学生能够完成相关练习、解决相关问题"等。预先提示是指在课程开始前向学生提供一些信息或提示,引导他们在学习过程中关注和掌握重点。预先提示可以通过预习教材、课前讨论、激发学生思考等方式进行。例如,在教学某一音乐概念时,可以在课前向学生提供相关的背景知识,或

[①] 王映佳."双减"视域下小学一年级音乐课堂"教学评"一体化实践探究[J].家长,2023(17):110-112.

者通过引入一个生动的例子来引起学生的兴趣和注意。课后习题是学生在课堂学习之后进行巩固和拓展的重要手段。合理设置课后习题能够帮助学生巩固所学知识、加深理解,并培养其自主学习的能力。课后习题可以包括选择题、填空题、解答题等不同类型的题目,涵盖单元目标的各个方面。例如,学习了某一音乐概念后,可以设置一些练习题让学生巩固概念。

1. 内容具体化

（1）内容拆分

内容具体化的第一步是内容拆分。将学科概念拆分为更具体的内容是教学设计中的一项重要任务。例如,在音乐课堂中,教师可以将课程标准中的要求,如"欣赏音乐,分辨不同的形式和题材",进一步拆分为更具体的单元目标。以汉族民歌为例,教师可以将单元目标拆分为"了解汉族民歌的不同分类和题材的风格特点"。在这个拆分的过程中,教师不仅明确了学习目标,还能够更好地引导教学活动和学习过程。学生将能够通过具体的音乐作品来感知、分析和理解汉族民歌的丰富内涵和多样风格,进而加深对民族文化的认知和理解。通过这样的教学设计,教师能够使学生在音乐学习中更加有针对性地提高音乐欣赏能力和文化素养。同时,这种拆分也有助于教师更好地组织教学内容和资源,设计丰富多彩的教学活动,提升教学效果。因此,将学科概念拆分为更具体的内容,能够使教学目标更加清晰明确,促进学生的全面发展。

音乐欣赏是培养学生对音乐作品审美情趣和品位的重要手段。在音乐课堂中,教师可以引导学生欣赏不同体裁和形式的音乐作品,让他们通过听觉感知、情感体验,提升对音乐的理解和欣赏能力。学生需要学会分辨不同的音乐体裁和形式,教师可以通过示范和解说,让学生了解不同的音乐体裁（如古典音乐、流行音乐、民族音乐等）和形式（如交响乐、协奏曲、歌曲、舞曲等）,并进行比较和分析。民歌是民间文化的重要组成部分,学生通过演唱和欣赏不同风格的民歌,可以深入了解不同地区、不同民族的文化传统和生活风貌。教师可以选择具有代表性的民歌曲目,引导学生感受其风格特点,了解其所反映的社会背景和文化内涵。通过了解有代表性的地区和民族的民歌,学生可以更加全面地了解我国的多样化音乐文化。教师可以选择一些具有代表性的地区和民族的民歌,进行深入解读和分析,让学生初步了解其特色和背后的故事。学生通过主动参与演唱活动和背诵歌曲,可以提升演唱技巧和表达能力。教师可以组织学生进行集体或个人的演唱活动,让他们在伴奏下正确地、富有感情地演唱,同时鼓励他们背诵一些经典的歌词和曲谱,培养其对音乐的记忆和理解。识谱能力是学生在音乐学习中必备的技能之一,能够帮助他们更好地理解音乐作品的结构和表现形式。教师可以通过系统的训练和练习,培养学生的识谱能力,并引导他们流利地识读乐谱,从而更好地理解和演奏音乐作品。音乐作为一种文化艺术形式,不仅仅存在于艺术领域,还与社会生活密切相关。教师可以引导学生通过学习和实践,了解音乐在社会生活中的作用和影响,例如在庆典、婚礼、葬礼等场合中的应用,以及音乐对人们情感、心理和行为的影响。[①]

在拆分教学内容时,教师需要根据学生的年龄、学习水平和学科特点等因素,合理安排教学内容的顺序和深度。同时,灵活运用各种教学方法和手段,如听课、讲解、示范、练习、互动讨论等,提高教学效果,促进学生全面发展。

(2) 内容细化

内容具体化的第二步是内容细化。内容细化可以通过将学科概念细化为更具体的内容来体现,例如,将课程标准中的内容"欣赏音乐,分辨不同的形式和题材"具体化为"汉族民歌中不同分类和题材的风格特点"。

内容标准的具体化可以更有效地细化并叙述民歌单元目标。民歌作为一种民间音乐形式,具有丰富的体裁和风格,因此在教学设计中可以根据不同的体裁和风格来设置单元目标,以促进学生对民歌的全面理解和欣赏。

首先要确立单元目标,即学习民歌的不同体裁和风格,使学生能够深入了解民歌的文化内涵和表现形式,提升其音乐欣赏能力和文化素养。其次是对单元目标进行细化,使学生能够辨析不同民歌体裁(如山歌、田歌、快板、慢板等)的音乐特点,能够分辨不同民歌形式(如单人、对唱、合唱等)的情感表达,能够欣赏并感受山歌的朴实和淳厚、田歌的欢乐和轻快、快板的豪放和激情,以及慢板的婉约和深情。通过对民歌歌词和背景的学习,让学生能够了解民歌与社会生活、劳动习俗、情感表达等方面的密切关系。

---

① 李小举.基于FMPCK框架的我国初中民族音乐教学研究[D].长春:东北师范大学,2022.

通过单元目标的细化,单元目标将更加具体清晰,有助于教师设计多样化的教学活动和评价方式,提升教学效果和学生学习动机。

2. 结果具体化

(1) 行为表现具体化

在音乐课堂上,学生的学习行为表现是评估课堂教学效果和学生学习成果的重要指标之一。通过对学生学习行为的具体化分析,可以更全面地了解他们在课堂中的表现和学习情况。下面将从行为动词(演唱、聆听、探究)和行为对象(具体曲目、地域环境和方言的影响)两个方面展开讨论,分析音乐课堂上学生的学习行为表现。

演唱是音乐课堂中学生最常见的学习行为之一。通过演唱,学生能够将自己对音乐的理解和情感表达出来,同时培养歌唱技巧和表演能力。在具体曲目的演唱中,学生能够展现出不同的风格,体验到音乐的魅力和情感张力。例如,在学习民歌《茉莉花》时,学生通过演唱能够感受到其朴实淳厚的风格,表现出对家乡和生活的热爱与向往。聆听是音乐课堂中另一重要的学习行为。通过聆听音乐作品,学生能够拓展音乐欣赏的广度和深度,提升对音乐的理解和感受。在具体曲目的聆听中,学生能够感知到音乐的情感表达和艺术特点,领悟到音乐作品所要表达的意境和内涵。例如,在聆听交响乐《命运交响曲》时,学生能够体会到其中所蕴含的悲壮和奋斗的精神,感受到音乐所表达的力量和情感。探究是音乐课堂中学生进行思考和探索的重要行为。通过探究,学生能够深入理解音乐的内涵和表现形式,培养批判性思维和创造性表达能力。在具体曲目的探究中,学生能够探索音乐作品背后的文化背景和艺术特点,拓展对音乐的认知和理解。例如,在探究某一地域民歌时,学生能够了解其与当地的地理环境、人文风情和方言特色的密切联系,从而更深入地理解和欣赏这首歌曲。

学生的学习行为表现也受到行为对象的影响,包括具体曲目、地域环境和方言特色等。不同的音乐作品具有不同的风格特点,会影响学生的学习行为和表现。例如,学生在学习流行歌曲《青春修炼手册》时,可能会展现出活泼与时尚;而在学习古典音乐作品《春之声》时,可能会表现出庄重与典雅。音乐作品往往受到地域环境和方言特色的影响,学生在学习这些作品时会感受到不同的文化氛围和情感体验。例如,学生在学习广东民歌时,可能会受到广东地域环境和粤语方言的影响,表现出与其他地区不同的语调和情感表达方式。

学生的学习行为表现受到多种因素的影响,包括行为动词的选择和行为对象的特点。教师在教学设计中应充分考虑这些因素,通过合理的教学安排和活动设计,引导学生积极参与、深入探究,从而达到更好的教学效果。

(2) 行为条件清晰化

学习行为条件的清晰化对于提高教学效果和学生学习成果至关重要。通过对歌曲风格特点的分析和对不同地区歌曲之间风格的对比,学生能够更清晰地认识和理解音乐作品,从而促进他们的学习和欣赏能力的提升。下面以两首经典作品为例,探讨学习行为条件的清晰化。

《茉莉花》是中国传统的民歌作品,具有浓郁的地域特色和深厚的文化底蕴。其风格特点主要表现为朴实、淳厚和富有情感。在学习《茉莉花》这首民歌时,学生需要清晰地了解其地域背景和文化内涵,这样才能更好地理解和表达这首歌曲的情感和意境。例如,学生可以通过了解这首歌曲所描绘的茉莉花的美丽形象,来感受其中蕴含的情感和情绪。《梁祝》则以其深沉、悠远的旋律和深刻的情感而闻名。这首歌曲所具有的风格特点与《茉莉花》截然不同,表现出一种庄严、典雅的气质。学生在学习《梁祝》这首歌曲时,需要清晰地认识到其所反映的地域文化和历史背景,这样才能更好地领会其中所包含的情感。例如,学生可以通过了解梁山伯与祝英台的爱情故事,来感受这首歌曲中所蕴含的浪漫与悲壮。

通过对以上两首作品的对比分析,我们可以清晰地认识到不同地区歌曲的风格差异。在音乐课堂上,教师可以通过向学生介绍这些经典作品,并对其风格特点进行分析和比较,来帮助学生更清晰地认识和理解歌曲的艺术魅力和文化内涵。同时,学生也能够通过这样的学习,使行为条件清晰化,更深入地感受到不同地域歌曲的情感表达和艺术价值,从而提高他们的音乐欣赏能力和文化素养。

(3) 表现程度可测量

学生的表现程度是评估教学效果和学生学习成果的重要指标之一。通过对学生在课堂上好奇地学习、有激情地唱歌及初步感受音乐的分析,可以量化评估他们的学习表现程度,进而指导教学实践和提升教学质量。

学生是否好奇地学习表现在他们对音乐知识和技能的求知欲和主动探索精神上。好奇地学习的学生会在课堂上积极提问、探索,尝试去理解音乐作品的内涵和背景,从而深化对音乐的认识和理解。通过观察学生是否积极参与课堂讨论、主动提出问题及展示对音乐内容的独立思考能力,可以衡量他们的学习表现程度。学生是否有激情地唱歌反映他们对音乐的投入程度和表现情感的能力,有激情地唱歌的学生会在演唱时表现出对音乐的热爱和投入,通过声音、表情和动作展现音乐作品的情感和意境。通过观察学生在演唱时的表现,包括声音的饱满度、表情的丰富度以及动作的生动性,可以评估他们对音乐的投入程度和表现能力。通过观察学生对音乐作品的感受和表达,包括对情感的把握和表达、对意境的理解和表现,可以评估他们对音乐的初步感受程度。

通过对学生在音乐课堂上的量化评估,可以知道他们的学习表现程度。教师可以通过这些可测量的指标,及时发现学生的学习困难和问题,有针对性地进行教学调整和指导,以提升教学效果和学生学习成果。同时,学生也能够通过不断的学习和实践,提升自己的音乐表现能力和艺术修养,实现个人的学习目标和追求。

3."万千风采——迷人的民歌"单元课时设计

(1) 教材大单元

"万千风采——迷人的民歌"。

(2) 单元核心与基本问题

了解汉族与少数民族民歌的体裁和风格特点。

(3) 学段目标

第二学段(3—5年级)。

(4) 课时

第一课时:韵味民歌·领悟民歌之美。

第二课时:题材差异·民歌为何而美。

第三课时:区域风味·汉族与少数民族民歌之对比。

第四课时:人文内涵·民歌的传承与发展。

四个课时相互关联,依次递进,分别解决了"从哪里入手了解民歌""为什么具有如此大差异的民歌都能呈现为艺术美""不同民族之间的民歌有何异同点""在当今要如何传承和发展民歌艺术"的关键问题。在此过程中,学生将通过体验、聆听、探究、小组活动、问答、评价等多个过程,完成从现有知识到获得全新的知识的进阶过程,学生将在知识迁移重构过程中达成由浅层到深层学习的进步。

三、聚焦单元重点,设计结构化"问题链"

(一)单元重点问题分析

1. 单元重点问题的分解

单元重点问题的分解对于教学评一体化的课堂实践至关重要。通过将单元目标细化为具体的学习问题,教师可以更清晰地指导学生的学习方向,帮助他们理解和掌握知识的关键点。同时,这种分解能够促进学生的自主学习和批判性思维,激发其学习的兴趣和动力。单元重点问题分解也为教学评价提供了具体的标准和依据,有助于全面评估学生的学习成果和能力发展。因此,单元重点问题分解在教学评一体化的课堂实践中具有重要的指导和推动作用。

单元重点问题背后的指向性可分为单元主题的意义、单元核心概念的理解、对多个单元核心概念的对比和异同辨析、对单元的学习主题的延伸思考四部分。

分解单元重点问题是教学设计中的重要环节,它有助于将抽象的学习目标转化为具体的学习任务,帮助学生深入理解和掌握知识。在分解单元重点问题时,首先需要明确单元主题的意义,这包括对单元主题的背景知识和重要性进行介绍,以及概括单元的核心内容和学习目标。例如,在学习音乐民族文化的单元中,可以介绍该民族的历史、地理、文化等背景,以及探讨音乐在该民族生活中的重要地位。对单元核心概念进行分解包括将抽象的核心概念具体化为可操作的学习任务和问题。例如,在学习民族音乐的单元中,核心概念可以包括音乐风格、乐器特点、歌曲主题等,通过分解将其转化为比较、分析、演绎等具体的学习任务。进一步,可以对多个单元核心概念进行对比和辨析,以帮助学生深入理解和把握知识的关键点。例如,在比较不同地区的民族音乐时,可以对比其音乐风格、歌曲主题、乐器运用等方面的异同,从而促进学生对不同民族音乐的深入理解和比较分析。还可以对单元的学习主题进行延伸思考,拓展学生的思维深度和广度。例如,在学习民族音乐的单元中,可以引导学生探讨音乐与社会文化、历史演变、跨文化交流等方面的关系,从而培养他们的批判性思维和创新能力。

将单元重点问题进行有效分解,使学生能够逐步深入学习和理解知识,提高他们的学习能力和综合素养。同时,这种分解也有助于教师更好地组织教学活动,指导学生的学习方向,提升教学效果和学生学习成果。

在教学设计中,分析单元主题的意义是确保教学内容有效传达和学生学习目标达成的重要步骤。通过音乐赏析、音乐再赏析和归纳总结三个环节,教师可以深入探讨单元主题的意义,从而帮助学生理解和掌握知识,提升他们的音乐欣赏能力和文化素养。

音乐赏析是分析单元主题意义的第一步。在这个环节中,教师可以引导学生聆听并品味相关的音乐作品,探索其中所蕴含的情感、意境和文化内涵。通过赏析音乐作品,学生可以直观感受到单元主题的重要性和意义,从而建立起对主题的基础理解。教师可以引导学生思考以下问题:这首音乐作品背后的故事是什么?它所传达的情感和意境是怎样的?这与我们日常生活或文化背景有何关联?

音乐再赏析是对单元主题意义的进一步探索和理解。在这个环节中,教师可以带领学生重新聆听音乐作品,并结合背景知识和理论框架进行分析。学生可以深入挖掘音乐作品所表达的文化内涵、社会背景和艺术特点,从而更全面地理解单元主题的意义。教师可以引导学生思考以下问题:这首音乐作品反映了哪些社会文化现象?它所代表的音乐风格和流派有何特点?它在音乐史上的地位和影响如何?

归纳总结是对单元主题意义的系统梳理和总结。在这个环节中,教师可以与学生共同回顾所学内容,从中提炼出单元主题的核心意义和重要价值。学生通过归纳总结,可以对单元主题有一个更清晰的认识和理解,并将其与自己的生活和实践相结合,从而达到知行合一的目标。教师可以引导学生思考以下问题:通过本单元的学习,你们对音乐有了哪些新的认识和体验?单元主题的意义对我们的日常生活和文化传承有何启示?

通过以上三个环节的分析,可以全面深入地探讨单元主题的意义。这种分析方法有助于引导学生理解和掌握知识,提升他们的思维深度和广度,培养他们的综合素养和创新能力。同时，教师也可以通过这种方法更好地设计教学活动，促进学生的学习和成长。

单元核心概念的理解也有三个环节，即梳理论证、探索逻辑和归纳提炼。理解单元核心概念是教学设计中至关重要的一环，它有助于学生深入理解知识的核心内容，提升学习效果和综合素养。通过梳理论证、探索逻辑和归纳提炼三个环节，教师可以有效地帮助学生理解单元核心概念，并提高他们的学习能力和思维水平。

在梳理论证环节中，教师可以引导学生对单元核心概念进行梳理和论证，通过整理相关的知识和信息，建立起对概念的基础认识和理解。教师可以与学生一起分析概念的定义、特点、分类和应用等方面的内容，以及其与其他相关概念之间的关系和区别。通过梳理论证，学生可以建立起对单元核心概念的整体认识和框架，为后续学习打下坚实的基础。在探索逻辑环节中，教师可以引导学生深入探索单元核心概念的逻辑和内在联系，通过分析和思考，揭示概念之间的逻辑关系和演变过程，从而加深对概念的理解和把握。教师可以与学生一起探讨概念的发展历程、演变规律和实际应用，以及其与其他相关概念之间的逻辑关系和互动影响。通过探索逻辑，学生可以深入挖掘单元核心概念的内涵和价值，提高批判性思维分析能力。在归纳提炼环节中，教师可以引导学生对单元核心概念进行归纳和提炼，通过总结和概括，提炼出概念的核心要点和重要特征，从而达到对概念的深层理解和把握。教师可以与学生一起总结概念的本质特征、主要特点和核心意义，以及其在实际应用中的重要作用和影响。通过归纳提炼，学生可以将学习到的知识与实际情境相结合，形成自己的认知模式和思维框架，提高知识整合和创新能力。

对多个单元核心概念的对比和异同辨析需要经过三种活动，分别为小组交流、互文对比和思辨质疑，以促进学生之间的合作与思想碰撞，从而加深对概念之间关系的理解。

小组交流是促进学生合作学习和共同探讨的有效方式。在小组交流中，学生可以结合自己的理解和思考，与同伴分享对多个单元核心概念的认识和看法。通过相互交流，学生可以获得不同观点和见解，从而拓展自己的思维广度和深度。在对比和辨析多个单元核心概念时，小组交流可以帮助学生发现不同概念之间的联系和差异,促进他们对知识内容的全面理解。互文对比是将不同文本或资料进行比较分析的方法。在对比多个单元核心概念时,可以通过对相关文献、资料或案例进行对比,从中找出概念之间的异同点。学生可以通过阅读不同来源的文献,对概念的定义、特点、应用等方面进行对比,从而更全面地理解各个概念的内涵和意义。通过互文对比,学生可以深入挖掘概念之间的联系和差异,加深对知识内容的理解和把握。思辨质疑是培养学生批判性思维和自主学习能力的重要方法。在对比和辨析多个单元核心概念时,教师可以引导学生进行自己的质疑和思考,对概念的逻辑关系和内在含义进行深入思考。学生可以通过提出问题、进行讨论和思考,探索概念之间的联系和差异,从而形成自己独立的认知和见解。通过思辨质疑,学生可以培养自主学习和批判性思维能力,提高对知识内容的深层理解和把握。

小组交流、互文对比和思辨质疑这三种活动,不仅有助于加深学生对知识的理解和掌握,还能够培养他们的合作精神、批判性思维和自主学习能力,从而提高学习效果和学习品质。

对单元的学习主题的延伸思考常表现为三种情况,即情境创设、多元碰撞和逻辑论证。

情境创设是将学习主题置于具体的情境中,让学生通过情境感知和体验,深入探讨主题的内涵和意义。在情境创设中,教师可以设计各种真实或虚拟的场景,让学生在其中应用所学知识,进行实际操作和思考。例如,在学习关于环境保护的单元中,教师可以组织学生参观环保展览或进行环保实践活动,从而激发他们对环保主题的深入思考和体验。通过情境创设,学生可以更直观地理解学习主题的现实意义和应用价值,从而引发更多的思考和探索。多元碰撞是让学生在不同观点、文化和思想之间进行交流和碰撞,从中获取新的启发和认识。在多元碰撞中,教师可以引导学生接触和探讨来自不同来源的观点和见解,让他们进行思想交流和讨论,从中汲取新的思想火花。例如,在学习关于社会公平的单元中,教师可以安排学生参加辩论赛或小组讨论,让他们就不同的社会公平问题展开思想碰撞,从中发现新的观点和见解。通过多元碰撞,学生可以拓展对学习主题的认识和理解,培养开放的思维和包容的心态。逻辑论证是让学生通过逻辑分析和推理,从理性的角度探讨学习主题的内在逻辑和关系。在逻辑论证中,教师可以引导学生运用逻辑思维和论证技巧,分析和解释学习主题的相关问题和现象。例如,在学习关于科技发展的单元中,教师可以组织学生进行案例分析或逻辑推理,探讨科技发展对社会、经济、文化等方面的影响和挑战。通过逻辑论证,学生可以培养严谨的思维和分析能力,加深对学习主题的理解和把握。

情境创设、多元碰撞和逻辑论证这些表现形式,有助于培养学生的综合素养和创新能力,提高他们的学习效果。同时,教师也可以通过这种方法更好地设计教学活动,促进学生的学习和成长。

2. 单元重点问题与课时关键问题的关系

图 2-3　单元重点问题与课时关键问题关系图

（1）从大问题到小问题

在音乐课堂上,将单元重点问题与课时关键问题相互关联,需要将整体课程设计视角下的大问题逐步细化为小问题,从而建立起宏观与微观问题的层级体系。这种从大问题到小问题的设计方法有助于确保课程内容的系统性和连贯性,同时能够有效地引导学生逐步深入探究和理解音乐知识。

首先,单元重点问题通常是整个单元学习的核心所在,它涉及整体课程的大方向和主题。在音乐课堂上,单元重点问题可能涉及某一音乐流派的历史演变、某一音乐作品的风格特点、某一音乐文化的地域特色等。例如,在学习中国传统音乐的单元中,单元重点问题可能是"中国传统音乐的演变与发展",这个问题涵盖了整个单元学习的范围和重点。其次,课时关键问题是在单元重点问题的基础上,将整个学习过程进一步分解、细化而成的问题。它们通常是针对具体课时的学习目标和内容所设立的,旨在引导学生逐步探究和理解单元重点问题的不同方面和细节。在音乐课堂上,课时关键问题可能是针对某一音乐作品的演奏技巧、某一音乐风格的特征、某一音乐家的生平经历等。例如,在学习中国传统音乐的单元中,某一节课的课时关键问题可以是"琵琶演奏技巧的学习"或者是"唐诗宋词在古筝曲目中的运用"。

从大问题到小问题的设计方法,可以使单元重点问题与课时关键问题之间形成有机的联系和衔接。通过设立符合学生认知水平和学习能力的课时关键问题,可以帮助学生逐步深入理解和掌握单元重点问题所涉及的各个方面。同时,这种设计方法还能够确保课程的连贯性和逻辑性,使学生在学习过程中始终保持对整体学习目标的清晰认识和把握。课时关键问题的设置还可以考虑时间范围和地域范围等因素。根据学生的实际情况和学习需求,可以将课时关键问题设定在特定历史时期或地域背景下,以便更好地引导学生进行学习和思考。例如,在学习中国传统音乐的单元中,可以针对不同历史时期或地域背景下的音乐作品进行分析和比较,以帮助学生更全面地理解和把握中国传统音乐的多样性和丰富性。通过逐步细化和深化问题,可以引导学生逐步深入探究和理解音乐知识,提高学习效果和综合素养。同时,考虑时间范围和地域范围等因素的设置,还可以更好地满足学生的学习需求,使课程内容更具针对性和实用性。

(2)从理论到实践

在音乐课堂上,将单元重点问题与课时关键问题联系起来,可以促进学生从理论到实践的过渡,帮助他们将理论知识转化为实际技能和行动。单元重点问题代表了理论层面的学习目标和核心概念,而课时关键问题则是在此基础上,通过实践活动来实现理论知识的应用和体验。

在音乐课堂上,单元重点问题通常涵盖特定音乐主题或概念的理论知识和技能,这可能包括音乐历史、音乐理论、音乐风格、音乐文化等方面的内容。教师在教学过程中会向学生介绍这些理论知识,并教授相关的技能,以帮助他们理解音乐的本质和内涵,培养音乐欣赏和表达能力。而课时关键问题则是将教师所教授的理论知识转化为实践活动的具体问题或任务。这些活动可以包括演奏乐器、唱歌、合唱、创作音乐、舞蹈表演等形式,旨在让学生通过实践活动来应用和体验所学的理论知识,并提升他们的音乐技能和表现能力。此外,单元重点问题与课时关键问题之间存在密切的关系。学生通过学习单元重点问题所涉及的理论知识和技能,为参与课时关键问题的实践活动打下基础。在实践活动中,学生可以运用所学的理论知识和技能,通过实际操作和体验来加深对音乐的理解和认识。通过实践活动,学生不仅可以巩固和应用所学的理论知识,还可以培养创造力、合作精神和审美情感。最后,教师可以通过设计具有挑战性和实践性的课时关键问题,激发学生的学习兴趣和动力,促进他们的主动参与和实践探索。教师还可以根据学生的实际水平和兴趣爱好,灵活调整实践活动的内容和形式,最大限度地促进学生的全面发展和成长。

(3) 从普遍到个别

将单元重点问题与课时关键问题联系起来,可以通过从普遍到个别的方法,深入探讨音乐的广泛概念和具体实践,从而帮助学生理解音乐的多样性和丰富性。单元重点问题代表了普遍性的音乐概念和主题,而课时关键问题则是在此基础上,通过具体的音乐实例来探究个别的音乐风格和变化过程。

单元重点问题可以是关于民歌的普遍性概念和特征,例如民歌的定义、起源、发展历程等。教师可以通过讲解民歌的普遍性概念,帮助学生了解民歌在人类文化中的重要地位和作用,培养他们对民歌的兴趣和认识。课时关键问题则是针对具体的民歌风格或地区进行探究和分析。通过选取特定的民歌作品或地区风格,教师引导学生深入了解该民歌风格的发展历程、特点和变化过程。例如,教师可以选取中国不同地区的民歌作品,探究它们在地域、历史和文化背景下的不同风格特点,从而帮助学生理解民歌的多样性和地域性。单元重点问题与课时关键问题之间存在密切的关系。通过学习民歌的普遍性概念,学生可以建立起对民歌的整体认识和理解,从而为探究特定民歌风格的变化过程奠定基础。课时关键问题则是在单元重点问题的基础上,通过具体实例和案例分析,深入探讨民歌的个别特征和变化趋势。通过比较不同地区、不同历史时期的民歌作品,学生可以更全面地了解民歌的多样性和发展规律。教师可以通过设计富有启发性和实践性的课时关键问题,从普遍性的概念理解到个别特征的探究,激发学生对民歌的兴趣和热情。教师还可以采用多种教学方法,如听歌分析、地域风情展示、学生演唱等,让学生亲身体验和感受不同民歌风格的魅力,从而提高他们的音乐素养。

将单元重点问题与课时关键问题相结合,可以实现从普遍到个别的有机过渡,帮助学生全面理解和把握民歌的多样性和丰富性。这种教学方法不仅有助于提高学生的音乐素养和审美能力,还可以促进他们的综合发展和个性成长。

3. "万千风采——迷人的民歌"单元重点问题与课时关键问题设计

"万千风采——迷人的民歌"的单元重点问题为"了解汉族与少数民族的民歌的体裁和风格特点"。下面是对单元重点问题的分解和对单元重点问题与课时关键问题关系的教学设计(见图2-4)。

单元重点问题	课时关键问题
(1) 通过对音乐的赏析,分辨不同的音乐体裁和音乐形式	① 能够在教师的伴奏下,使用准确的演唱方法,富有情感地演唱
(2) 从中华民族民间音乐入手聆听,尝试了解具有典型性的地区和民族的音乐,并从鉴赏的结果出发描述不同地域的特点,从而总结民族的风格	② 通过演唱活动,鉴赏不同地区、不同民族和不同风格的民歌,了解汉族民歌和少数民族民歌的分类以及不同题材的风格特点,从而体会民歌与社会文化生活的广泛联系。了解民族的五声调式音节,能够开始尝试识别不同的民歌调式
(3) 学生主动地参与到各种演唱相关的实践活动中。每一学年能够背唱2—5首歌曲,歌曲中有一首需要是中国民歌	
(4) 学生需要具备识谱的技能,能够流畅地识读乐谱	
(5) 学生能用实践案例来说明音乐在社会与文化生活中的作用和影响	

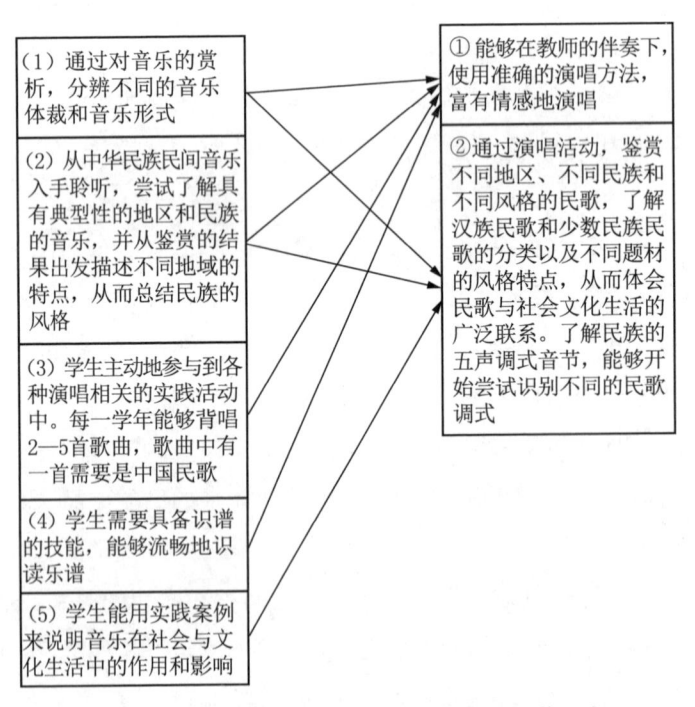

图2-4 "万千风采——迷人的民歌"单元教学设计

(1) 通过对音乐的赏析,分辨不同的音乐体裁和音乐形式。可对应到:

①能够在教师的伴奏下,使用准确的演唱方法,富有情感地演唱;②通过演唱活动,鉴赏不同地区、不同民族和不同风格的民歌,了解汉族民歌和少数民族民歌的分类以及不同题材的风格特点,从而体会民歌与社会文化生活的广泛联系。了解民族的五声调式音节,能够开始尝试识别不同的民歌调式。

(2) 从中华民族民间音乐入手聆听,尝试了解具有典型性的地区和民族的音乐,并从鉴赏的结果出发描述不同地域的特点,从而总结民族的风格。可对应到:①能够在教师的伴奏下,使用准确的演唱方法,富有情感地演唱;②通过演唱活动,鉴赏不同地区、不同民族和不同风格的民歌,了解汉族民歌和少数民族民歌的分类以及不同题材的风格特点,从而体会民歌与社会文化生活的广泛联系。了解民族的五声调式音节,能够开始尝试识别不同的民歌调式。

(3) 学生主动地参与到各种演唱相关的实践活动中。每一学年能够背唱2—5首歌曲,歌曲中有一首需要是中国民歌。可对应到:①能够在教师的伴奏下,使用准确的演唱方法,富有情感地演唱。

(4) 学生需要具备识谱的技能,能够流畅地识读乐谱。可对应到:①能够在教师的伴奏下,使用准确的演唱方法,富有情感地演唱。

(5) 学生能用实践案例来说明音乐在社会与文化生活中的作用和影响。可对应到:②通过演唱活动,鉴赏不同地区、不同民族和不同风格的民歌,了解汉族民歌和少数民族民歌的分类以及不同题材的风格特点,从而体会民歌与社会文化生活的广泛联系。了解民族的五声调式音节,能够开始尝试识别不同的民歌调式。

(二) 课时关键问题提出

通过提纯课时学习目标与课时重难点,教师可以更好地提出课时关键问题,促进学生的学习。这些关键问题不仅能够检验学生的学习成果,还能够帮助学生深入理解课程内容,解决学习中的困难,从而提高教学效果,促进学生全面发展。

首先要提纯课时学习目标。在音乐教学中,学习目标是指教师希望学生在本节课中达到的学习成果,它直接关系到教学的效果和学生的学习动力。提纯课时学习目标意味着从整体学科目标中提取出与本节课内容密切相关的核心目标,使学生在有限的时间内能够集中精力深入学习。例如,如果本节课的主题是学习一首新曲目,那么学习目标可能包括掌握曲目的基本节奏、理解曲目的情感表达、掌握关键技巧等。通过提纯学习目标,教师可以更好地指导学生的学习,确保他们在课堂上的学习重点清晰明确。其次,要提纯课时重难点。在任何一节课中,都会有一些内容对学生来说比较困难或者比较重要,这些内容被称为课时的重难点。提纯课时重难点意味着从课程内容中挑选出最核心、最关键的部分作为学习的重点,同时也要识别出学生容易出现困惑或错误的地方,将其作为学习的难点。例如,在学习一首新曲目时,曲目中的特定节奏、和弦转换或者情感表达可能是学生容易出错或者理解困难的地方,通过提纯课时重难点,教师可以有针对性地安排教学活动,引导学生集中精力攻克重点,同时针对难点进行重点讲解和辅导,提高学生的学习效率和成绩。

通过提纯课时学习目标与课时重难点,可以更有效地提出课时关键问题。这些关键问题既能够检验学生是否达到了课时学习目标,又能够帮助学生深入理解课时重难点,解决学习中的困惑。关键问题应该具有一定的挑战性和启发性,能够激发学生的思考和探索欲望,引导他们积极参与课堂学习。例如,在学习一首新曲目时,关键问题可以包括"你如何理解曲目中的情感表达""你能否准确演奏出曲目中的特定节奏""你如何解决曲目中的和弦转换问题"等。通过这些问题,教师可以了解学生对课堂内容的理解程度,及时发现和纠正学生的错误,促进学生的深层次思考和学习能力的提高。

(三)关键设问与教学环节的对应

关键设问和教学环节之间的关系是密切的,它们相辅相成,共同促进学生对音乐的全面理解和掌握。通过师生合作、对比欣赏、学唱音乐和反馈练习等环节,结合相应的关键设问,能够帮助学生更好地理解音乐的内涵和艺术特点,提高音乐表演和鉴赏能力,实现音乐教学的有效目标。

师生合作是一种重要的教学方式,能够促进学生参与、合作、共同成长。当教师引导学生以形式表现的方式演唱音乐片段时,师生之间的合作更显重要。例如,通过合唱、合奏或舞台表演等形式,学生可以相互协作,共同完成音乐作品的演绎,培养团队合作精神和音乐表现能力。

关键设问是根据课时关键问题的具体分解而来的,每一个关键设问都需要对应一个主要的教学环节,从而体现目标导向的教学结构和围绕重点的课堂层次。

目标导向的教学结构和围绕重点的课堂层次在音乐课堂中的设置至关重要。音乐教育不仅仅是传授音乐技能,更是培养学生的审美情感、表达能力和综合素养。目标导向的教学结构以及围绕重点的课堂层次能够有效地帮助学生理解音乐的内涵,提升其音乐素养,激发其学习兴趣,实现教学评一体化的目标。

首先,目标导向的教学结构确立了教学的方向和目标。在音乐课堂中,教学目标可能包括音乐知识的掌握、音乐技能的提高、音乐欣赏能力的培养等。通过明确教学目标,教师能够有针对性地设计教学内容和活动,使学生在课堂中更加集中精力、有目的地学习音乐知识和技能。例如,在教学目标为学生掌握特定音乐曲目的演奏技巧时,教师可以通过分解乐曲、练习基本的演奏技巧、引导学生感悟曲目的情感表达等方式,帮助学生逐步实现目标。其次,围绕重点的课堂层次能够帮助教师合理安排课堂时间和资源,突出重点、深入讲解。音乐课堂中,可能存在着诸多音乐要素和技巧,如音乐理论、乐器演奏、合唱指导等。在有限的课堂时间内,教师需要通过设置层次结构,将重点放在最为关键和基础的内容上,确保学生在有限的时间内掌握核心知识和技能。例如,在教学乐理知识时,教师可以根据学生的实际水平和课程要求,分为基础知识、进阶知识和应用技巧等不同层次,逐层深入,帮助学生逐步建立起对音乐理论的系统性认识。目标导向的教学结构和围绕重点的课堂层次之间存在着密切的关系。目标导向的教学结构为围绕重点的课堂层次提供了明确的指导和支撑,使教师能够根据教学目标,有序地组织和安排课堂内容。而围绕重点的课堂层次则是目标导向教学的具体体现,通过合理设置课堂层次,使得教学过程更加系统化和高效化,有利于实现教学目标。假设教学目标是培养学生的音乐表达能力,那么,在围绕重点的课堂层次中,教师可以先引导学生学习基本的音乐元素和技巧,如节奏、音高等,然后逐步深入,引导学生分析乐曲的结构和情感表达,最后通过练习和演奏,让学生能够自如地表达音乐情感。这样的课堂设置既注重了教学目标的导向,又通过围绕重点的课堂层次,使得教学过程更加系统和有针对性。

目标导向的教学结构和围绕重点的课堂层次之间相辅相成,共同构建起高效的教学体系。在音乐课堂中,通过合理设置目标导向的教学结构和围绕重点的课堂层次,可以更好地促进学生的学习和发展,实现教学评一体化的目标。此处以目标导向的教学结构为例展开说明。

1. 目标导向的教学结构的四个要素

在教学评一体化的音乐课堂中,以提升学生核心素质、传播中华优秀传统文化为总目标,目标导向的教学结构应当涵盖教师、学生、教材和教学媒体四个要素,以确保教学活动的有序进行和达成预期的教学效果。

教师是教学活动的核心要素之一。在目标导向的教学结构中,教师扮演着引导者和组织者的角色。教师应该具备丰富的音乐知识和教学经验,能够清晰地把握教学目标,并能够针对学生的不同特点和需求进行差异化教学。此外,教师还应该具备良好的教学设计和组织能力,能够设计出富有启发性和趣味性的教学活动,激发学生的学习兴趣和主动性。例如,在教授优秀传统音乐文化时,教师可以结合历史背景、文化内涵和音乐表现形式,设计出具有代表性的音乐作品和活动,引导学生深入理解和体验中华民族的音乐传统。

学生是教学活动的主体和受益者。在目标导向的教学结构中,学生应该处于积极参与和主动学习的状态。教师应该根据学生的年龄、兴趣和学习水平,设计出符合其特点的教学内容和活动,并且提供适当的引导和支持,帮助学生理解和掌握知识。此外,学生还应该具备积极的学习态度和合作精神,能够在教学过程中主动思考、积极互动,不断提升自己的音乐素养和综合素质。例如,在学习传统音乐曲目时,学生可以通过听音乐、观赏演出、合作演奏等方式,积极参与其中,感受音乐的美妙和力量。

教材是教学活动的基础和载体。在目标导向的教学结构中,教材应该具备丰富的内容和多样的形式,能够满足教学目标的要求,并且能够引导学生深入思考和探索。教师应该根据教学内容和学生特点,选择合适的教材,并且根据需要进行适当的调整和补充。例如,在教授优秀传统音乐文化时,教师可以选用经典的音乐作品、专业的音乐教材以及丰富的多媒体资源,帮助学生全面了解和体验中华民族的传统音乐。

教学媒体是教学活动的重要支持和补充。在目标导向的教学结构中，教学媒体应该具备多样性和灵活性，能够有效地支持教学目标的实现，并且能够激发学生的学习兴趣和创造力。教师应该根据教学内容和学生需求，选择适当的教学媒体，并且灵活运用，使之成为教学活动的有力工具。例如，在教学中可以结合投影仪、音响设备、互联网资源等多种教学媒体，展示音乐作品、演示音乐技巧，以及进行互动交流，使教学内容更加生动和具体。

目标导向的教学结构在教学评一体化的音乐课堂中具有重要的意义。通过合理设计教师、学生、教材和教学媒体四个要素，可以有效地实现教学目标，提升学生的核心素质，传播中华优秀传统文化，推动教学评一体化工作的深入开展。

2. 目标导向的教学结构的四个重点

在教学评一体化的音乐课堂中，以使学生了解汉族和少数民族的民歌的不同体裁和不同风格的特点为重点，目标导向的教学结构应围绕讲解理论、展现一个真实的物质世界、教会学生如何思考及传递正确的观念展开。这样的结构能够帮助学生深入理解民歌的内涵和特点，增进对中华优秀传统文化的认知，同时培养学生的审美情感和批判性思维。

目标导向的教学结构应注重讲解理论。在教学过程中，教师应该对汉族和少数民族的民歌进行系统、准确的理论解释，包括其起源、发展历程、音乐特点、文化背景等方面的内容。通过讲解理论，学生能够建立起对民歌的基本认识和理解，为后续的学习和欣赏奠定基础。同时，教师还应该引导学生运用音乐理论知识分析和解读民歌，深入挖掘其中的艺术价值和文化内涵。例如，教师可以通过介绍民歌的旋律结构、节奏特点等方面的知识，帮助学生理解不同民歌的音乐特点和表现形式。

目标导向的教学结构应展现一个真实的物质世界。教师可以通过多种途径和手段，向学生展示汉族和少数民族的民歌在实际生活中的应用和表现。例如，可以播放民歌演唱视频、音频，让学生感受到民歌在不同地区、不同场合中的传承和表现方式；可以邀请民族音乐家或民间艺人来校园进行演出或讲座，与学生互动交流，让学生深入了解民歌的文化内涵和社会意义。①通过展现一个真实的物质世界,让学生更加直观地感受到民歌的魅力和生命力,增进对民歌的认知和理解。

目标导向的教学结构应教会学生如何思考。在教学过程中,教师应该引导学生通过分析比较汉族和少数民族的民歌,思考其中的共性和差异性,探讨其背后的文化因素和社会意义。同时,教师还应该鼓励学生提出自己的见解和观点,培养其批判性思维和创造性思维能力。例如,可以组织学生分组进行讨论和辩论,就民歌的音乐形式、情感表达、文化传承等方面展开深入探讨,激发学生的思维和想象力。通过教会学生如何思考,学生能够更加全面地理解和把握民歌的内涵和价值,提升自己的思维能力和综合素质。

目标导向的教学结构应传递正确的观念。在教学过程中,教师应该注重向学生传递正确的民歌观念和价值观,引导学生树立正确的审美观和文化观。例如,教师可以通过解读经典民歌作品、介绍民歌的历史渊源和社会背景等方式,引导学生正确理解和珍视民歌的文化传统和民族精神。同时,教师还应该鼓励学生积极参与民歌传承和创新,传承和发扬民族音乐文化的优秀传统,为民族音乐的繁荣和发展贡献自己的力量。

目标导向的教学结构在教学评一体化的音乐课堂中具有重要的意义。通过讲解理论、展现一个真实的物质世界、教会学生如何思考及传递正确的观念,教师能够帮助学生深入理解汉族和少数民族的民歌的不同体裁和不同风格的特点,增进对中华优秀传统文化的认知,同时培养学生的审美情感和批判性思维,促进教学评一体化工作的深入开展。

(四)音乐课堂民歌教学设计

课时学习目标:使学生了解汉族和少数民族的民歌的不同体裁和不同风格的特点。

课时重难点:如何区分汉族和少数民族的民歌的不同体裁和不同风格的特点。

课时关键问题:学生是否能通过聆听、演唱和思考,来感受汉族和少数民族的民歌的特点和艺术价值?学生是否能通过感受不同地区的民歌的音

---

① 李廖娜.高校民歌演唱教学策略创新与实践——评《中国民歌经典作品演唱指导》[J].应用化工,2024,53(1):1671-3206.

乐风格,思考对民歌风格的形成具有影响作用的因素?

教学环节:对《诗经·国风》进行赏析,了解民歌的起源;讲述中华人民共和国成立之后,民歌创作进入的新阶段;了解传统民间文化工作组对中国民歌的搜集工作;了解今天的民歌的面貌。

关键设问:在《诗经》中出现的民歌与现代的民歌有何不同?中华人民共和国成立后的民歌的最大特点是什么?创作题材和创作者之间的关系是什么?《中国歌谣集成》的结构是什么?经典民歌为何成为"经典"?

第三节 教学评价策略与方法探讨

一、教学评价策略的任务设计

(一)教学评价策略的评价属性

1. 证据性

证据性强调评价的客观性、科学性和有效性,以确保评价结果能够真实地反映学生在音乐学习过程中的表现和成长。

(1)自身的证据

教学评价的第一步是要基于国家、地区或学校规定的课程标准。在音乐课堂中,评价策略应当与音乐教学的课程标准紧密对接,确保评价内容与教学目标一致。例如,课程标准强调培养学生的音乐表现能力、音乐鉴赏能力和音乐创造能力,评价策略就应当围绕这些方面展开,确保评价结果能够客观地反映学生在这些方面的水平。[1]教学评价策略的设计应当充分考虑教学内容的特点和要求。在音乐课堂中,评价策略不仅要考查学生对音乐知识和技能的掌握程度,还要考查他们的音乐表现能力、音乐欣赏能力和音乐创造能力。评价内容应当具体到课程中的各个知识点和技能要求,以确保评价结果的准确性和可靠性。教学评价策略的设计还应当考虑学生的反馈和需求。学生在音乐学习过程中可能有不同的学习风格和需求,评价策略应当充分考虑这些因素,确保学生的参与和反馈能够得到充分的重视和尊重。例如,可以通过问卷调查、小组讨论等方式收集学生的反馈意见,以便

---

[1] 刘敏.高中音乐鉴赏"教、学、评"一体化设计研究[D].呼和浩特:内蒙古师范大学,2022.

及时调整和改进评价策略。

(2) 评价过程的证据

教学评价的过程和方法应当与评价目的相适应。在音乐课堂中,评价的目的可能包括检测学生对音乐知识和技能的掌握程度、评估学生的音乐表现能力和音乐创造能力等。评价策略应当根据不同的评价目的选择合适的评价方法和工具,以确保评价结果能够真实地反映学生的实际水平。另外,教学评价的过程应当与参与的学生紧密联系,确保评价结果能够客观地反映学生的真实水平和成长。在音乐课堂中,评价过程可能包括课堂观察、学生作品展示、小组合作等方式,以确保评价结果能够充分反映学生在音乐学习过程中的表现和成长。教学评价的过程还应当关注情境反馈,即评价结果应当具有针对性和实用性。在音乐课堂中,应当向学生及时反馈评价结果,并针对学生的具体表现和需求提出具体的建议和改进措施。不仅要告诉学生他们做得好的地方,还要告诉他们需要改进的地方,并提供具体的指导和支持,以促进他们的进一步成长和发展。

教学评价策略的证据性在教学评一体化与音乐课堂的结合中具有重要意义。通过充分考虑自身的证据和评价过程的证据,可以确保评价结果能够客观地反映学生在音乐学习过程中的实际水平和成长,从而更好地指导教学实践,促进学生的全面发展。

2. 过程性

(1) 传统评价方式与教学评一体化评价方式

在教学评一体化的背景下,我们可以看到传统的评价方式与教学评一体化的评价方式之间存在明显的差异。传统的评价方式通常是不连续的、终结性的,而教学评一体化的评价方式则是连续的、过程性的。

传统的评价方式通常是以课程结束或某个特定时间点为标志,对学生的学习成果进行一次性的评价。这种评价方式是不连续的,因为评价过程与教学过程相分离,评价结果不一定能够全面、准确地反映学生在整个学习过程中的表现。而教学评一体化的评价方式则是连续的,评价贯穿于整个教学过程之中,通过对学生的学习活动和表现进行实时监测和反馈,及时发现问题并加以纠正,使评价过程与教学过程相结合,更加贴近学生的实际学习需求。在评价方式上,传统的评价方式通常以笔试、口试等形式为主,重点关注学生的知识掌握情况和能力水平。这种评价方式可能忽视了学生的综合能力和创新潜力,不能全面地评价学生的学习成果。而教学评一体化的评价方式则更加注重多样化,包括课堂观察、作品展示、项目实践等,通过多种形式全面地评价学生的认知、情感、技能,更好地反映学生的全面发展情况。在评价时机上,传统的评价方式通常是在学习过程结束后进行,评价结果对学生已经没有实际的指导意义,无法及时发现和解决问题。而教学评一体化的评价方式则是随时随地进行,及时对学生的学习活动和表现进行监测和反馈,使评价结果能够及时指导教学实践,促进学生的持续进步和发展。传统的评价方式可能会使教师更加注重应试教育,以追求学生的考试成绩,而忽视学生的全面发展。而教学评一体化的评价方式则可以使教师更加关注学生的个性化需求和发展路径,注重培养学生的综合素养和创新能力,促进学生的全面发展。

(2)教学评价策略的过程性表现

在音乐课堂中,教师与学生之间的互动和合作是至关重要的。教学评价策略的过程性体现了教师与学生、教学与评价的相互交融。教师不仅是知识的传授者,更是学生学习过程中的指导者和引导者。在教学过程中,教师通过观察学生的学习情况、与学生进行交流和互动,不断调整教学策略和评价方法,以确保教学与评价的有效衔接。教学评价策略的过程性使评价更加全面、灵活和及时。在音乐课堂中,学生的学习不仅包括音乐知识和技能的掌握,还包括音乐表现能力、音乐创造能力等方面。教学评价不仅要考查学生在音乐知识和技能方面的掌握程度,还要考查其在音乐表现和创造方面的能力。评价方式不仅限于传统的笔试、口试,还包括课堂观察、作品展示、项目实践等多种形式,以确保评价的全面性和灵活性。同时,评价过程随时随地进行,及时反馈学生的学习情况,可帮助学生及时发现问题并加以解决,促进学生的持续进步和发展。教学评价策略的过程性使评价能够深入学习的不同方面和不同层次中。在音乐课堂中,学生的学习涉及音乐理论、音乐表演、音乐创作等多个方面,不同学生可能在不同方面和不同层次上有所侧重和差异。教学评价要根据学生的具体情况,针对学生在不同方面和不同层次上的学习情况,为学生提供个性化的指导和支持,促进其全面发展。教学评价策略的过程性不拘泥于评价标准和评价的时间限定,给学生的评价以更多可能性和自由度。在音乐课堂中,学生的学习和表现可能具有个性化特点,传统的评价标准和评价方法可能无法全面、准确地评价学生的学习情况。教学评价策略的过程性允许教师根据学生的具体情况,灵活地调整评价标准和评价方法,给学生更多的评价可能性和自由度,激发其学习的积极性和创造力,促进其全面发展。

3. 多元性

评价主体的多元性、教学评价策略的多元化以及评价标准的多元结构是教育评价的重要特点之一。这种多元性体现在评价主体的多样性、教学评价策略的丰富性和评价标准的多样化上。

首先,在教学评一体化和音乐课堂的背景下,评价主体不仅限于教师,还包括学生、家长、同行、社会等多个方面。教学评价不再是教师单方面的行为,而是一个多元参与的过程。学生通过自我评价、同伴评价等方式参与到评价过程中,主动了解自己的学习情况,发现问题并加以改进;家长通过家访、家长会等方式参与到评价过程中,了解孩子的学习情况,与教师共同关注学生的成长;同行之间通过互相观摩、互相交流等方式参与到评价过程中,共同提升教学质量;社会通过学校评比、教师评选等方式参与到评价过程中,推动教育改革和发展。评价主体的多元性使评价更加全面、客观和有效,有利于促进教学的持续改进和学生的全面发展。而在音乐课堂中,教学评价策略的多元化体现在评价方式、评价内容和评价时机的丰富性上。评价方式不仅包括传统的笔试、口试等,还包括课堂观察、作品展示、项目实践、小组讨论等形式,以满足不同学生的学习需求和个性化特点。评价内容不仅涵盖音乐知识和技能的掌握,还包括音乐表现能力、音乐创造能力等方面,以全面地评价学生的学习成果。评价不仅限于课程结束后进行,还包括课程中随时随地进行的实时评价,以及课程后的跟踪评价,以确保评价的及时性和有效性。[①]教学评价策略的多元化使评价更加灵活、全面和具体,有利于促进学生的个性化发展和全面提升。另外,评价标准的多元结构体现为绝对标准、相对标准和个体标准相结合。绝对标准是评价的基本依据,是评价的客观标准,用于衡量学生的学习成绩是否达到一定水平;相对标准是评

---

① 肖莉莎.基于教学评一致性的小学音乐课堂教学评价[J].亚太教育,2023(20):137-140.

价的参照标准,是将学生的学习成绩与同年级或同班级的其他学生进行比较,用于反映学生的相对水平;个体标准是评价的个性化标准,是根据学生的个性特点和学习需求确定的评价标准,用于更好地满足学生的个性化发展需求。评价标准的多元结构使评价更加全面、客观和具体,有利于促进学生的个性化发展和全面提升。

4. 特殊性

教学评价策略的特殊性表现在从工具性、价值中立、注重选拔到素质教育性、学生发展的内在价值的转变上。这种特殊性是由关于音乐这一门特殊的人文学科的两种评价范畴(技术与情感、工具与发展)所导致的。

(1) 技术与情感

音乐素养不仅包括对音乐技术的掌握,更重要的是情感的表达和体验。因此,评价学生的音乐素养必须同时考虑其在技术和情感方面的表现。

技术方面的评价主要包括学生在音乐理论知识、乐器演奏技能和声乐技巧等方面的表现。一是对音乐理论知识的掌握。评价学生对音乐基本概念、音符、音阶、调式、节奏等方面的理解程度,包括能否正确理解和运用音乐理论知识。二是乐器演奏技能。评价学生在各种乐器演奏技能方面的表现,如钢琴、吉他、小提琴等,包括演奏的准确性、技巧的熟练程度、乐曲的表现力等。三是声乐技巧。对于声乐学生,评价其声音的准确性、音准、音色、气息控制等技术方面的表现,以及对歌曲的正确诠释和表达能力。

情感方面的评价主要包括学生对音乐作品的理解、表达和情感传递能力。一是对音乐作品的理解和表达,评价学生对音乐作品的情感理解和表达能力,包括对音乐的情感表达是否真实、自然,能否准确理解和传达音乐作品的内涵和情感。二是音乐表演的情感传递。对于演奏学生,评价其在演奏过程中是否能够充分表达音乐作品的情感,是否能够通过音乐传递情感给听众,引起听众的情感共鸣。三是音乐创作的情感表达。对于创作学生,评价其作品是否能够真实、自然地表达个人的情感和思想,是否能够引起听众的情感共鸣和思考。

只有综合考虑技术和情感两方面的表现,才能全面评价学生的音乐素养。在评价中,不仅要注重学生技术方面的水平,更要关注其情感表达和情感传递能力。只有技术与情感相互融合,才能真正培养学生的音乐素质。

（2）工具与发展

工具性评价强调评价过程中使用的工具和方法，以及评价结果对学生的指导作用；而发展性评价则关注学生音乐素养的持续发展和全面提升，强调评价过程中对学生情感、精神和想象力等方面的关注和培养。

在音乐课堂中，工具性评价主要体现在以下几个方面：一是评价标准。教师可以根据教学大纲、学校课程标准或专业标准等制定评价标准，明确学生应具备的音乐素养要求。[1]评价标准可以包括音乐理论知识的掌握程度、乐器演奏的技能、声乐表演能力等方面，以便对学生的表现进行客观评价。二是搜集数据。教师可以通过课堂观察、学生作品展示、小组讨论、学习日志等方式收集学生的学习数据和表现情况。这些数据可以作为评价的依据，帮助教师全面了解学生的学习情况，及时发现问题并加以解决。三是判断目标达成度。教师根据评价标准和搜集到的数据，对学生的学习目标达成度进行评价。评价结果可以分为优秀、良好、一般和不及格等级别，以帮助学生了解自己的学习成绩，激励学生努力提高。四是教师根据评价结果，及时给予学生表扬或批评。对于表现优秀的学生，可以给予及时的肯定和鼓励；对于表现不佳的学生，可以给予针对性的指导和帮助，引导其改进。

发展性评价则体现为以下几个方面。首先，教师在评价过程中不仅要关注学生的音乐技术水平，更要关注学生的情感体验。评价应该能够体现学生对音乐作品的理解和情感表达能力，以及对音乐的热爱和情感投入程度。其次，教师可以通过音乐作品的欣赏和演奏等活动，培养学生的审美情趣、人文素养和人文精神，促进学生的全面发展。而通过音乐创作、音乐表演等活动，能够激发学生的想象力和创造力，培养学生的创新精神和创造力，促进学生的个性化发展。

（二）课例与教学评价量表的设计

1. 课例与评价设计表

教学评一体化的评价贯穿于教育的全过程。以下将以苏少版初中音乐八年级上册《嘎达梅林》为案例，基于教师与学生的活动以及课堂中的评价

---

[1] 仲崇英.初中美术发展性教学评价的探索研究[J].初中生世界，2020(44):55-57.

呈现,给出课例与评价设计表(见表 2-5)。①

2. 评价量表

学生的音乐综合素养是其适应新阶段、新发展、新时代所必需的品格和能力。开发与设计音乐课堂的评价量表将成为教学评一体化中的重要环节。评价量表的设计没有标准答案,需要根据具体的学校和课堂情况进行改动,但是其也要具有必须包含的要素和维度(见表 2-6)。

(三)智能教学环境赋能教学评价策略

音乐是一种非物质性的抽象的艺术表现形式。不同于绘画、雕塑等有形艺术,音乐是通过声音来传达和表达情感、思想和意义的。音乐能够直接触发人们的情感,是一种情感的表达和交流方式。音乐可以传递各种情绪,如喜悦、悲伤、愤怒等,而这些情感是无法直接量化和描述的。每个人对音乐的理解和感受是个体化的,取决于个体的生活经验、文化背景、情感状态等因素,因此对音乐的理解和表达具有很强的主观性。音乐表现形式多样,包括声乐、器乐、合唱、舞蹈等,每种表现形式都有其独特的特点和要求。学生对音乐的理解和表达具有很强的主观性,难以用客观的标准来评价。传统的评价工具往往只能评价学生的表现水平,而不能全面评价其对音乐的理解和情感表达能力。由此可以看出智能教学环境赋能教学评一体化的重要性。利用智能技术可以开发出更客观、准确的评价工具,如音乐分析软件、音频识别技术等,可以更全面地评价学生的表现水平和音乐素养。智能技术可以根据学生的个性化需求和学习特点,提供个性化的评价和反馈,帮助学生更好地发现和弥补自己的不足。还可以与学生进行互动,通过游戏化、趣味化的方式进行评价,增加学生的参与度和积极性,促进其全面发展。

1. 智能教学评一体化分类

(1)情境与环境结合的多媒体教学环境

多媒体教学环境就是将情境和环境因素结合起来,利用多媒体技术为教学提供更加丰富、生动和具体的学习环境。多媒体教学环境可以模拟真实的情境,将学习内容置于具体的场景中,激发学生的兴趣和好奇心,提高

---

① 季碧薇.基于"教—学—评"一体化的初中音乐教学研究——以《嘎达梅林》的教学为例[J].教育界,2023(30):122-124.

表 2-5 《嘎达梅林》课例与评价设计表

教学阶段	教师活动	教师活动具体内容	学生活动	评价设计
阶段1：了解蒙古族文化	教师为学生提供丰富的历史资料，向学生详细介绍蒙古族的风土人情和风俗特点	1. 通过多媒体设备展示内蒙古大草原的风景 2. 播放蒙古族赛马、摔跤、舞蹈、祭祀等社会文化活动的视频 3. 准备蒙古族的民族服饰，使学生能够仔细观察这些服饰与汉族服饰的区别	1. 学生搜集相关资料并进行PPT演示，为大家科普蒙古族的知识 2. 蒙古族知识竞赛	导入环节主要以赏析和分享的形式激发学生的兴趣。通过开放性问题，使学生能够自由而开放地对蒙古族文化做评价
	教师播放电影《嘎达梅林》，使学生了解歌曲的背景情况和歌词的深刻情感	播放电影《嘎达梅林》	1. 看完电影后学生在组内自由交流观后感 2. 学生在课堂上公开分享自己的感受	
	教师播放其他蒙古族民歌，让学生总结蒙古族民歌的特色和风格	播放歌曲《牧歌》《草原上升起不落的太阳》《莫合茹》	学生在课堂上分享这些歌曲的共同点和不同点	

续表

教学阶段	教师活动	教师活动具体内容	学生活动	评价设计
阶段2：提升歌唱能力	教师示范演唱	《嘎达梅林》	学生赏析	丰富评价主体 1. 学生自我评价 2. 学生相互评价 3. 教师纠正知识性错误并给予总结性建议 完善评价体系 1. 综合性评价：聚焦学生的能力培养，提高学生自信心和成就感 2. 表现性评价：围绕学生的演唱表现，艺术处理，情感态度，交流能力，合作能力，表演能力和情感表达等方面来进行评价 3. 看学生是否能完整的演唱歌曲，能否独立地完成一整首歌曲，能否在自主地选择乐器来伴奏，能否在一定程度上对乐曲进行创编，为后面的教学奠定基础
	教师播放音乐使学生跟唱	《嘎达梅林》	学生赏析	
	教师打击乐练习	教师使用道具呈现歌曲的节奏、力度和速度等歌曲信息	1. 学生学会击打《嘎达梅林》中的节奏，掌握不同乐句所安排的力度 2. 学生跟着老师的节奏进行演唱	
	教师安排学生模仿演唱环节	《嘎达梅林》	学生表演《嘎达梅林》中的个别乐句	
阶段3：丰富情感表达	教师安排学生在课前搜集蒙古族相关的故事		学生在课堂上分享故事	
	教师原创乐曲的环节	教师教授学生蒙古族民歌的编曲特点，例如自由的节奏、丰富而细腻的装饰音、强朗诵性，等等	教师与学生共同完成蒙古族风格原创乐曲	
	教师安排舞蹈与音乐结合的表演环节	教师教授学生蒙古族舞蹈中的步伐和肩部动作等技巧	教师与学生合作完成舞蹈和音乐结合的表演	

表 2-6　音乐课堂评价量表

评价指标		评价原则	分值	A	B	C	得分
教学目的	落实目的（10）	目标特点：全面、恰当、详细、符合学段目标	5	5—4	4—3	3—0	
		符合学生年龄和学力程度、难度适中	5	5—4	4—3	3—0	
教学理念	贯彻理念（20）	以学生为中心	5	5—4	4—3	3—0	
		评价方式多样，以欣赏的态度鼓励学生	5	5—4	4—3	3—0	
		音乐审美作为关键点观察全课程	10	10—8	8—6	6—0	
教学策略与行为措施	学生创新思维培养（10）	问题新颖，学习方式灵活	5	5—4	4—3	3—0	
		有专门环节让学生体现自身对音乐的理解	5	5—4	4—3	3—0	
	学生实践能力提升（21）	课程以实践活动为主，学生在活动中能多方位感知音乐	5	5—4	4—3	3—0	
		活动情境设置恰当且富有趣味	5	5—4	4—3	3—0	
		提问时机适当，具有思索性	3	3—2.5	2.5—1.5	1.5—0	
		音乐与生活的密切联系	5	5—4	4—3	3—0	
		引导学生思维发展	3	3—2.5	2.5—1.5	1.5—0	
	教学规定体现（9）	多媒体教学	3	3—2.5	2.5—1.5	1.5—0	
		教材使用得当，有合理的、科学的改编	3	3—2.5	2.5—1.5	1.5—0	
		教学语言简洁生动、媒体操作熟练	3	3—2.5	2.5—1.5	1.5—0	

续表

评价指标	评价原则	分值	A	B	C	得分
教学目标达成度	基础知识与技能掌握（30） A. 100%—85%的学生掌握 B. 84%—60%的学生掌握 C. 60%以下的学生掌握	30	30—24	24—18	18—0	

学习的有效性。丰富多样的媒体资源（例如文字、图像、音频、视频等多种媒体形式），能够提供更加生动、直观和具体的学习材料，丰富学习资源的形式和内容。多媒体教学环境还可以根据学生的学习需求和兴趣特点，提供个性化的学习内容和学习路径，促进学生的自主学习和深度思考。[1]

对于学生而言，在多媒体教学环境中的丰富的音乐素材，包括不同风格、不同流派的音乐作品，以及音乐历史、音乐理论等方面的资料，能够提供给他们更加全面和深入的音乐学习体验。直观展示音乐表演可以让学生感受到音乐的美妙和魅力，激发他们对音乐表演的兴趣和热情。模拟演奏情境是多媒体教学环境不可替代的优点，通过图像、视频等形式展示不同时期、不同地区的音乐文化，可以提供丰富的音乐历史和文化资料，帮助学生更深入地了解和探究音乐的历史与文化背景。

情境与环境结合的多媒体教学环境在音乐课堂上能够为学生提供丰富、生动、直观的学习体验，促进他们的音乐素养和审美情感的全面发展。

（2）交互式电子白板

交互式电子白板是多媒体教学环境的一种分类，也是结合电子技术和传统白板的教学工具，支持文字、图像、音频、视频等多种媒体形式的展示和操作，是一种多媒体设备连接的教学环境。

交互式电子白板的功能有多媒体融合、触摸交互和实时反馈。交互式电子白板支持在线资源的获取和应用，教师可以通过网络下载丰富的教学资源，包括教学课件、音视频资料、互动游戏等，丰富教学内容和形式。学生

---

[1] 施萍.智能技术赋能小学音乐教育"教—学—评"一体化的思考——以歌曲教学《西风的话》为例[J].安徽教育科研,2023(22):90-92.

可以通过触摸屏幕与电子白板进行交互操作,包括书写、绘画、拖拽、点击等,以增强参与性和互动性。教师可以通过电子白板实时展示学生的作答情况,及时进行评价和反馈,促进学生的成长。

在音乐课堂上,交互式电子白板能够为教师和学生提供丰富多样的教学资源及互动学习体验,促进音乐教学的创新和有效实施。通过电子白板展示乐谱、音阶、音程等音乐理论知识,教师可以让学生直观地理解和掌握音乐基础知识。利用电子白板模拟各种乐器的演奏情境,比如钢琴键盘、各种打击乐器等,学生能够在虚拟的演奏场景中练习和体验音乐表演。通过电子白板播放音频和视频资料,展示各种音乐作品的表演和演唱,可为学生提供能在听觉和视觉上全方位地感受音乐的美妙和魅力的环境。教师还可以设计各种互动游戏和学习活动,比如音乐知识问答、音乐听辨等,让学生通过电子白板参与其中,增强学习的趣味性和互动性。

(3) 基于大数据的智能分析教学环境

基于大数据的智能分析教学环境是指利用大数据技术对教学过程和学生学习行为进行数据采集、分析和挖掘,从而实现教学过程的智能化和个性化,促进音乐教学的创新和发展。

大数据的智能分析教学环境通过各种传感器、监控设备和在线平台,可以全面采集教学过程中的各种数据,包括学生的听课情况、课堂互动、学习进度等信息。大数据技术对采集到的数据进行深入分析和挖掘,发现学生的学习规律、行为习惯和学习需求,为教学决策提供科学依据。其个性化与智能化特点可以为每个学生提供个性化的学习路径和教学服务,满足不同学生的学习需求和能力水平,实现教学的智能化和个性化。根据实时的数据分析结果,教师可以及时调整教学策略和教学方法,为学生提供更加有效的教学服务和学习支持。

在音乐课堂上,大数据的智能分析教学环境能够根据学生的音乐水平、兴趣爱好和学习能力,为每个学生提供个性化的学习路径和教学内容,满足不同学生的学习需求;还能对学生的音乐学习过程进行全面分析和评价,提供个性化的学习建议和反馈,帮助学生及时发现和弥补学习中的不足。根据学生的学习情况和教学需求,智能系统可以优化教学资源的配置和使用,提供更加适合学生的教学内容和学习材料,提高教学效果和学习效率。从教学过程优化的角度来看,教师可以通过智能分析系统对课堂教学过程进行实时监控和分析,及时调整教学策略和方法,提高教学效果和学生参与度。

2. 智能教学评一体化特征

(1) 精准性

图像与图表等数据可视化形式能够将复杂的数据通过直观的图形方式呈现出来,使得数据更加易于理解和分析。对于教师来说,他们可以通过视觉化的图像直观地了解到学生的学习情况、表现水平和学习趋势,从而为教学决策提供更加直观、准确的依据。另外,图像与图表能够方便地进行数据比较和趋势分析,通过对不同数据的对比和趋势的观察,可以发现数据之间的关联性和变化规律。教师则可以利用这些数据进行学生个体和群体的学习表现分析,及时发现学生的优势和不足,采取针对性的教学措施。对数据进行细化和个性化展示,可以为教师提供更加详细和全面的数据分析结果。教师可以根据学生的个体差异和学习需求,对数据进行细致分析和挖掘,为学生提供个性化的学习指导和反馈。数据可视化形式可以实现对数据的实时监测和反馈,及时发现数据变化和异常情况。教师可以通过实时的数据监测和反馈,及时调整教学策略和方法。

图像与图表等数据可视化形式为精准的数据分析提供了依据,使得教学评一体化更加精准和有效。教师可以借助这些数据可视化工具,对教学过程和学生学习情况进行更加全面、准确的分析和评价,从而提高教学质量和学生学习效果。

(2) 可见性

交互式电子白板的放大镜功能可以使音乐课程的教学过程清晰可见,例如电子白板放大镜功能放大音乐符号,可以让学生更清晰地观察和理解音乐符号的细节,从而提高他们的音乐理解和表现能力。教师可以利用放大镜功能对音乐符号进行详细解释和示范,帮助学生理解符号的意义和使用方法,指导他们正确地进行音乐学习和表演。这一功能的使用,还可以增强学生的学习体验,使他们更加投入音乐学习,提高学习的效率。

(3) 可评价性

交互式智能教室的出现使音乐课堂的教学发生变革。从精准性来看,智能教学评一体化能够通过大数据分析、机器学习等技术，对学生的学习行为、学习成绩等数据进行深入挖掘和分析，从而实现对学生学习情况的精准评价。通过综合分析多种数据来源，可以更准确地评估学生的学习水平、学习进展和学习成果，为教学决策提供科学依据。从可见性来看，智能教学评一体化通过数据可视化技术，将复杂的数据分析结果以图表、图像等形式直观呈现出来，使评价过程可见化。教师可以通过直观的图形展示，清晰地了解学生的学习情况和表现水平，从而更好地指导学生学习、调整教学策略。因此智能教学评一体化通过精准性和可见性获得了评价的有效性，即可评价性。智能教学评一体化结合了智能技术和教学评价，能够实现个性化评价和个性化反馈，提高评价的有效性。根据学生的个性化需求和学习特点，智能系统可以为每个学生提供个性化的学习路径和教学服务，及时发现学生的学习困难和问题，提供针对性的学习支持和反馈，从而促进学生全面发展；还能够实现对学生学习过程的实时监测和分析，及时发现学生学习中的问题和困难，为教师提供及时调整教学策略和方法的依据。

3. 智能教学评一体化思考

（1）智能教室将成为教学新常态

智能教室与其他教学环节相互融合、相互支持，共同构建起一个完整的教学生态系统，最终成为教学新常态。

传统的教学模式主要是单向的知识传授，而互动教学系统则使得学生可以更加积极地参与到课堂中来。在互动教学系统中，学生可以通过提问、讨论、投票等方式与教师进行互动，同时教师也可以及时了解到学生的学习情况和反馈，为评价提供了更多的数据来源。智能录播系统可以录制教学过程，并且可以对录制的视频进行智能分析，提取出重要的教学内容和关键节点。通过智能录播系统，教师可以对自己的教学过程进行回顾和分析，了解自己的教学效果；同时可以为学生提供复习和回顾的资源，从而促进学生的自主学习和巩固。移动终端网络系统使得学生可以随时随地进行学习，不再受限于时间和空间。学生可以通过移动设备访问教学资源、参与在线讨论、完成作业等，教师也可以通过移动终端对学生的学习情况进行监控和评价，从而实现教学评价的及时性和全面性。人机交互系统可以帮助教师更好地管理和组织课堂教学活动，提高教学效率和质量。通过人机交互系统,教师可以轻松地制订教学计划、设计教学资源、进行教学评价,同时可以为学生提供个性化的学习支持和反馈。

(2)大数据为学生提供艺术核心素质培育方案

结合课堂互动平台、智能化课程管理、视频软件投屏、新型艺术素养评价系统以及投屏评价、录制演唱视频和同学间对比学习等功能,大数据技术在教育领域的应用,可以为学生提供更有效的艺术核心素质培育方案。

基于大数据分析学生的学习数据,如学习兴趣、学习习惯、学习能力等,智能化课程管理系统可以为每个学生量身定制个性化的学习路径和教学计划,包括艺术素养培养的重点、难度、学习方式等。课堂互动平台和投屏评价系统可以实时监测学生的学习表现和反馈,如参与度、理解程度、表现水平等。结合大数据技术,可以将这些数据进行深度分析,为教师提供更准确的学情信息,辅助教师及时调整教学策略,提供个性化的学习反馈。视频软件投屏和录制演唱视频功能可以为学生提供丰富的艺术学习资源,如名家演唱视频、经典作品解析视频等。根据学生的学习需求和兴趣,通过大数据分析学生的学习偏好和需求,智能化课程管理系统可以定制个性化的学习资源,并推送给学生进行学习。新型艺术素养评价系统可以结合同学间的对比学习功能,对学生的艺术表现进行全面、多维度的评价。大数据技术可以对评价结果进行统计和分析,为学生提供自身艺术水平和学习进步的可视化数据,激励学生进行自我反思和进步。

(3)音乐课堂智能化的指向可测性

全民 K 歌作为一款流行的音乐社交应用软件,可以在音乐课堂智能化中发挥重要作用,使评价系统更全面、更科学。全民 K 歌这一款智能化工具能够使教师更准确地了解学生的音乐能力和表现水平,为学生提供个性化的学习指导和反馈,促进其音乐素养的全面提升。

全民 K 歌提供了方便易用的采集和录制工具,学生可以通过该软件录制自己的歌唱作品。在音乐课堂中,教师可以要求学生使用全民 K 歌进行录音,并将录音上传至课堂系统。这样一来,教师可以获得学生的歌唱作品,用于后续的评价和分析。除了采集和录制之外,全民 K 歌还拥有一套音频分析系统,可以对录制的歌曲进行分析,提取出力度、速度、旋律、节奏等数据。在音乐课堂中,教师可以利用这些数据来评价学生的歌唱表现,了解学生的音乐能力和技术水平。全民 K 歌最具有特色的评价系统是采用了多维打分模型,从节奏、气息、情绪、技术等方面展开评价并打分。在音乐课堂中,教师可以根据这些评价维度对学生的歌唱表现进行全面评价,从而更科学地了解学生的音乐素养和表现水平。在实际应用中,教师可以要求学生在音乐课堂上使用全民 K 歌录制一首歌曲,并上传至课堂系统。然后,教师可以利用全民 K 歌的音频分析系统来分析学生的歌唱作品,获取相关数据。最后通过全民 K 歌对学生的歌唱表现进行评价,并给予相应的分数和反馈。

二、教学评价策略的对象

(一)课堂与老师:互为评价、相互促进

1."教师即课程"

(1)博比特:课堂与教师的合作

《课程》是约翰·富兰克林·博比特(John Franklin Bobbitt)在 20 世纪初期发表的一部重要著作,它深刻影响了当时美国教育的发展,并对后来的教育理论和实践产生了深远的影响。博比特认为,课程设计应该从社会的需要和目标出发,以培养适应社会要求的公民为目标。他强调课程设计应该围绕着社会的需求和发展,使学生具备应对社会挑战的能力。博比特提出了一种科学化的课程设计方法,即"目标—内容—方法(GCM)"模型。在这个模型中,教育的目标确定了课程的内容和教学方法,这样可以保证课程设计的科学性和系统性。博比特强调课程应该按照一定的结构和组织来设计,包括确定教学目标、选择教学内容、设计教学方法和评价教学效果等。他认为,只有通过科学的分析和设计,课程才能真正发挥作用。

在博比特看来,教师是课程设计和实施的关键。他强调教师应该具备专业的知识和技能,能够有效地组织和实施课程。同时,教师应该不断地更新自己的知识和教学方法,以适应社会的发展和变化。课堂教学是课程实施的核心环节。博比特强调教师应该充分发挥自己的主导作用,通过灵活的教学方法和活泼的教学氛围,激发学生的学习兴趣,提高他们的学习效果。评价是课程设计和实施的重要组成部分。他强调评价应该与教学目标相一致,能够客观地反映学生的学习情况,为课程改进提供有力的依据。课程、课堂和教师之间的关系是密不可分的。课程设计为教师提供了有序的

教学框架和指导,教师通过有效的课堂教学来实施课程,从而达到教育的目标。在这个过程中,教师既是课程的执行者,又是课程的设计者和改进者。他强调教师应该具备专业的知识和技能,能够根据课程设计的要求,灵活地运用各种教学方法和手段,激发学生的学习兴趣,提高他们的学习效果。同时,教师应该不断地反思和改进自己的教学实践,以适应社会的发展和变化。总的来说,博比特强调课程、课堂和教师之间的密切关系,认为只有它们之间紧密合作,教育才能发挥最大的效益。

(2) 施瓦布:"教师即课程"

施瓦布(Schwab)提出的"教师即课程"(The Teacher as Curriculum)的课程理念是一种深刻的教育理念,强调教师在课堂中不仅是知识传授者,而且是课程的活化者、引导者和塑造者。这个理念的核心是教师的行为和态度在很大程度上决定了课程的质量和效果。

施瓦布认为,教师不仅仅是课程的执行者,他们的行为和态度还决定了课程的质量和效果。教师在课堂中的表现直接影响着学生的学习体验和学习成果。施瓦布强调教师应该具备高水平的专业素养,包括丰富的学科知识、教学技能和教育理念。只有具备这些素养,教师才能在课堂中发挥积极的作用,引领学生深入理解课程内容。课程应该是灵活的、可塑的,能够根据学生的需求和情况进行调整和改进;而教师则是实现课程灵活性的关键,他们能够根据学生的反馈和实际情况,调整教学方法和内容,以最大限度地促进学生的学习。教师应该不断地反思和发展自己的教学实践,以提高课程的质量和效果。他们应该积极参与教育研究和教学改革,不断地更新自己的教学理念和方法,以适应不断变化的教育需求。在"教师即课程"的理念中,课堂与教师之间存在着密切的互动关系。教师通过他们的行为和态度塑造着课堂氛围和教学效果,而课堂的反馈和反应也会影响教师的教学实践和发展。

课堂与教师为什么可以互为评价、相互促进?从施瓦布的理论来看,课堂是教师实践教学的主要场所,通过与学生的互动和教学实践,教师可以不断地发现问题、思考问题,并从中获取成长和进步的机会。课堂的反馈和反应能够帮助教师了解学生的学习情况和需求,从而调整教学方法和内容,提高教学效果。同时,通过观察学生的学习过程和表现,教师可以不断地反思和改进自己的教学实践，提升自己的教育水平和教学质量。在课堂中，教师的行为和态度直接影响着课程的实施和效果。通过对教学过程的反思和分析，教师可以发现课程设计中的不足和问题，并提出改进的建议和措施。因此，教师不仅是课程的执行者，更重要的是他们的反馈和建议能够促进课程的不断改进和发展，从而提高课程的质量和效果。

课堂与教师之间可以互为评价、相互促进的关键在于教师的行为和态度决定了课堂的质量和效果，而课堂的反馈和反应也能够帮助教师不断地反思和改进自己的教学实践，从而提高课程的质量和效果。因此，课堂与教师之间的互动和合作是教育实践中至关重要的一环，只有通过这种互动和合作，教育才能真正发挥出它的潜力和价值。

2. 教师发展引领课程变化

随着教师自身素质和能力的提升，他们将担任起引领者的角色，对课程的各个因素做出调整和改变。这些因素可以用问题的方式呈现，分别为如何吸引学生、如何启发学生、如何向学生提问、如何管理学生、如何导入主题、如何探究与巩固知识这几方面。

（1）吸引学生

通过不断学习和更新知识，教师能够提供最新、最丰富的内容，吸引学生的注意力。多样化的教学方法和教学资源，如实践活动、实验、游戏等，能够吸引学生的兴趣。教师可以根据学生的需求和兴趣，设计相关的课程内容和活动，从而激发学生的学习动机和热情。

（2）启发学生

教师要引发学生思考和探索的欲望，从而启发他们的学习兴趣和创造力。通过引入新颖的话题或故事，能够激发学生的好奇心，引导他们主动探索和学习。而通过提供自主学习的机会和资源，教师可以鼓励学生自主思考和学习，从而培养他们的自主学习能力。

（3）向学生提问

开放性的问题是学生提高想象力和创造力的关键途径。鼓励学生进行深入思考和讨论，可以促进他们的思维发展和知识理解。适当的引导和提示，可以帮助学生解决问题和形成自己的观点，培养他们的批判性思维和问题解决能力。教师还应该鼓励学生分享自己的经验和观点，促进他们之间的交流和合作,从而丰富课堂的内容。

(4) 管理学生

倾听、理解和尊重学生是建立良好的师生关系的主要途径,可提高学生的参与度和学习效果。教师可以与学生一起制定课堂规则和学习期望,建立积极的学习氛围和合作氛围。根据学生的个性和需求,教师应该采取个性化的教育方式和管理策略,帮助他们克服困难,提高学习成绩。

(5) 导入主题

吸引人的引言能够快速地引入主题,引发学生的兴趣和好奇心,激发他们的思维和讨论,这种方式通常要以引人入胜的引言或故事作为中介。提出引人注目的问题或议题能够引导学生思考和探索,引导他们进入学习状态。展示相关实例或案例可以帮助学生理解主题的重要性和实际应用,从而激发他们的学习兴趣和动力。

(6) 探究与巩固知识

教师可以通过实践活动、实验或项目,让学生亲身体验和应用所学知识,巩固他们的学习成果。要及时提供反馈和指导,帮助学生发现和纠正错误,加深对知识的理解和掌握。教师还要鼓励学生合作学习,通过相互讨论和交流,促进彼此的学习和进步。

(二) 课堂与学生:主客体关系

1. 课堂设计的终极目标

课堂设计的终极目标是确保学生能够更好地获取知识。在这个过程中,课堂与学生之间形成了主客体关系,其中课堂是学习环境和知识传授的客观场所,而学生则是知识获取的主体。

首先,课堂设计的核心是为创造一个有利于学生学习的环境。教师通过课堂设计来提供丰富的教学资源、有趣的教学活动和有效的教学方法,以激发学生的学习兴趣、激情和动力。这种设计不仅包括教学内容的选择和组织,还包括教学方法的设计和课堂活动的安排等。通过精心设计的课堂,教师可以为学生创造一个积极、活跃、充满挑战和启发的学习环境,从而促进他们更好地获取知识。其次,课堂设计应该充分考虑学生的需求和特点。教师应该了解学生的背景、兴趣、学习方式和能力水平,以便根据他们的实际情况来设计课堂内容和活动。通过个性化和差异化的课堂设计,教师可以更好地满足学生的学习需求，提高他们的学习效果和成就感。这种设计不仅能够激发学生的学习兴趣和动力，还能够促进他们的学习参与和思维发展，从而更好地获取知识。此外，课堂设计还应该注重激发学生的自主学习和创造性思维。教师应该通过设计开放性的问题、探究性的活动和合作性的项目，引导学生主动探索、思考和学习。通过这种设计，教师可以培养学生的批判性思维、解决问题的能力和创新意识，从而更好地获取知识并将其运用到实际生活中。最后，课堂设计的终极目标是帮助学生建立持续学习的意识。教师应该通过课堂设计来培养学生的学习兴趣、学习习惯和学习策略，使他们能够在课堂之外继续学习和探索。通过这种设计，教师可以培养学生的终身学习能力，使他们能够在未来的学习和工作中不断成长和进步。

通过创造一个积极、活跃、个性化和自主学习的学习环境，教师可以促进学生更好地参与学习、思考学习和应用学习，从而实现知识的获取和运用。在这个过程中，课堂与学生之间形成了主客体关系，其中课堂是学习环境和知识传授的客观场所，而学生则是知识获取的主体。

另外，达成课堂设计的终极目标，即确保学生更好地获取知识，涉及知识与技能、过程与方法以及情感态度与价值观等多个方面的考量。

在课堂设计中，重视学生获取知识的同时，应该注重他们掌握相关技能的情况。知识是课堂的基础，但技能则是将知识应用到实践中的关键。因此，课堂设计的终极目标之一是使学生不只是记住知识，更要能够灵活运用这些知识解决问题、表达观点和创造新的想法。例如，在教授数学知识时，课堂设计应该注重培养学生的数学推理能力和解决问题的技能，而不仅仅是让他们记住公式和算法。课堂设计不仅关注知识本身，还应该注重学习的过程和方法。学习过程中，学生需要掌握正确的学习方法和技巧，以便更有效地获取知识。因此，课堂设计的终极目标包括通过合适的教学方法和学习活动，引导学生探索和发现知识，培养他们的学习兴趣和学习能力。例如，通过项目式学习、合作学习和实践活动，激发学生的好奇心和探索欲望，让他们在实践中学习、发现和体验知识，从而更深入地理解和掌握知识。除了知识和技能，课堂设计还应该关注学生的情感态度和价值观。学习不仅是获取知识，更是塑造人的情感态度和价值观的过程。因此，课堂设计的终极目标还包括通过教育活动和教学过程,培养学生正确的情感态度和积极的价值观,引导他们形成正确的人生观、价值观和社会责任感。例如,在教授历史知识时,课堂设计应该注重培养学生对历史的兴趣和尊重,引导他们从历史事件中汲取智慧和教训,树立正确的历史观和人生观。

2.课程作为评价的客体

课程作为评价的客体的含义是课堂是评价者,学生是被评价者。通过在课堂上对学生的评价,能够帮助学生调整学习方向,纠正学习的不足之处。

(1)表现性评价:知识与技能的掌握程度

表现性评价作为一种注重过程的评价方式,强调通过学生的行动、表演、展示、操作、写作等真实表现来评价他们的表达能力、思维能力、创造能力和实践能力。在这种评价方式下,课程作为评价的客体与学生之间形成密切的关系。

首先,课程作为评价的客体,是评价的基础和依据。课程设计决定了学生所学的内容、目标和要求,是学生进行学习和实践的指导和依据。在表现性评价中,课程作为评价的客体,规定了学生应该掌握的知识和技能,明确了学生的学习目标和评价标准,为评价提供具体的内容和要求。因此,课程的设计和实施直接影响着评价的准确性和有效性,课程中的学习活动和任务成为学生进行表现性评价的重要场景和材料。其次,学生作为课程的参与者和实施者,是评价的主体和对象。学生通过课程学习和实践,通过各种形式的行动、表演、展示、操作、写作等表现方式,展示自己的能力和水平。[1]在表现性评价中,学生的表现直接反映了他们在课程中所学的知识和技能的掌握程度,以及其在实践中的应用能力和创新能力。[2]因此,学生的表现成为评价的核心内容,评价结果直接影响着他们的学习成绩和学习效果。再次,课程和学生之间的关系是相互作用的。课程作为评价的客体,既是学生学习和实践的目标和依据,也受到学生的实际表现和反馈的影响。学生的表现反映了课程设计的有效性和实施的质量,通过

---

[1] 陈娟娟.表现性评价在小学美术教学中的应用[J].新课程导学,2023(34):43-46.
[2] 倪美燕.浅谈表现性评价在美术欣赏教学中的应用[J].智力,2021(25):35-36.

学生的表现，教师可以了解课程的优缺点，进一步调整和改进课程设计和教学方法，以更好地促进学生的学习和发展。因此，课程和学生之间形成了一种动态的关系，在评价过程中相互作用、相互影响。最后，表现性评价强调的是学生的真实表现和能力发展，突出学生的个性化和多样化。在这种评价方式下，学生有更多的自主性和发挥空间，可以通过不同形式的表现来展示自己的才华和特长，体现自己的个性和风采。因此，课程设计应该注重学生的多元发展和个性发展，充分考虑学生的兴趣、需求和潜能，为他们提供丰富多彩的学习体验和评价机会，激发他们的学习动力和创造力。①

(2) 展示性评价：更有意义的课堂实施方式

展示性评价的形式分为小组展示、个人展示和小组与个人相结合的展示。河南省郑州市惠济区的某所艺术小学策划过一次展示性评价。展示性评价中的内容分别为学习小组优势展演和组员个人特长展示。展示结束之后，经过"大众评委"的点评，将会给表现较好的成员颁发纪念证书。

展示性评价作为一种重要的评价方式，在塑造课堂与学生之间的关系方面发挥着重要作用。通过小组展示、个人展示以及小组与个人相结合的展示形式，可以促进教师与学生之间的互动和合作，加强学生之间的交流和合作，以及提升学生的自信心和自我表达能力。

小组展示是一种以小组为单位进行的展示形式，通常由几位学生组成一个小组，共同完成一项任务或项目，并在课堂上向全班展示他们的成果或发现。这种形式的展示不仅能够促进学生之间的合作，还能够加强他们的团队意识和沟通能力。在小组展示中，学生需要相互配合、分工合作，共同完成任务，这不仅可以提高他们的学习效率，还可以培养他们的团队精神和合作意识。同时，小组展示也为学生提供了展示自己才华和能力的机会，增强了他们的自信心和自我表达能力。个人展示是一种以个人为单位进行的展示形式，通常由单个学生独立完成一项任务或项目，并在课堂上向全班展示自己的成果或发现。这种形式的展示能够帮助学生展示自己

---

① 周志峰,卫爱国.学校社会工作视角下高校学生学习动力提升路径研究[J].成才之路,2024(5):25-28.

的独立思考能力和创造能力,也能够提高他们的自我表达能力和自信心。在个人展示中,学生需要充分发挥自己的想象力和创造力,积极表达自己的观点和想法,这有助于培养他们的独立性和自主学习能力。同时,个人展示也为教师提供了更直接地了解学生个体情况和需求的机会,有助于个性化教学的实施。小组与个人相结合的展示通常由小组共同完成一项任务或项目,然后由每个小组成员独立展示自己在项目中的贡献或发现。这种形式的展示既能够促进学生之间的合作,又能够突出每个学生的个人能力和贡献。在这种形式下,学生既要与小组成员密切合作,共同完成任务,又要独立展示自己的成果和发现,这有助于培养他们的团队精神和个人能力。同时,这种形式的展示也能够更全面地评价学生的综合能力和表现水平,为教师提供更丰富的评价信息和依据。

(3)真实性评价:多维度学习目标的任务驱动

真实性评价作为一种强调学生实际表现和能力发展的评价方式,在驱动多维度学习目标方面发挥重要作用,能够促进学生全面发展。

通过真实性评价,学生不仅被要求掌握知识,更被要求能够将知识应用到实际情境中,产生具有实际意义和价值的成果。例如,学生不仅要学会解决数学问题,还要将数学知识应用到日常生活中解决实际问题,如制定预算、计算利息等。这种注重高质量生产的评价方式,促使学生在学习过程中注重实际运用,培养他们的实践能力和创新能力,从而实现多维度学习目标。在真实性评价中,明确的任务和标准是学生进行学习和评价的指导与依据。教师通过明确的任务和标准,指导学生学习与实践,并在评价过程中根据这些标准对学生的表现进行评价。这种评价方式能够帮助学生更清晰地了解学习目标和要求,明确学习方向和努力方向,从而更有针对性地进行学习和实践,提高学习效率。同时,明确的任务和标准也为教师提供了客观、公正的评价依据,有助于评价结果的准确性和可靠性。真实性评价突出学生在评价过程中的主体地位,强调学生的参与和主动性。在这种评价方式下,学生不再是被动接受评价的对象,而是评价过程中的主体和参与者,他们通过自己的表现和成果来展示自己的能力和水平。通过参与评价过程,学生能够更深入地理解学习内容,更全面地展示自己的能力,也能够提高自我认知和自我管理能力,从而实现自我提升和全面发展。真实性评价注重学生的个性化和差异化，充分考虑学生之间的差异和特点。在评价过程中，教师应该根据学生的实际情况和能力水平，采取灵活多样的评价方式和策略，对学生进行个性化、差异化的评价和指导。

3. 学生作为评价的主体

学生作为评价的主体的含义是学生作为评价者，课程作为被评价者，由学生来评价课程。课程的实施者需要及时根据评价内容做出不同的调整，让课程真正服务于学生。

教师在课堂中扮演着重要的角色，他们的教学方法、态度和能力直接影响着学生的学习和评价。如果教师能够充分调动学生的学习兴趣，掌握良好的教学技巧和方法，那么学生的评价往往会更积极、更正面。相反，如果教师的教学方式单一、枯燥，或者对学生缺乏关注和理解，学生可能会对课堂表现出不满或者抵触情绪，从而影响评价结果。课堂内容的多少对学生的评价也有一定影响。如果课堂内容过少，学生可能会感到学习内容不够充实，难以充分发挥自己的能力，从而导致对课堂的评价不够积极。相反，如果课堂内容过多，学生可能会感到压力过大，难以在有限的时间内完成任务，也会影响他们对课堂的评价。课堂内容的难易程度直接影响学生的学习体验和评价结果。如果课堂内容过于简单，学生可能会感到无聊和厌倦，对课堂的评价可能会降低。相反，如果课堂内容过于困难，学生可能会感到挫败和失望，对课堂的评价也不会高。因此，教师需要根据学生的实际情况和能力水平，合理安排课堂内容的难易程度，以保持学生的积极评价。课堂进度的快慢也会影响学生的评价。如果课堂进度过快，学生可能来不及消化和理解所学知识，感到困惑和焦虑，对课堂的评价可能会降低。相反，如果课堂进度过慢，学生可能会感到无聊和浪费时间，对课堂的评价也会比较负面。因此，教师需要根据学生的学习进度和理解能力，合理控制课堂的进度，保持适当的节奏和步调。最后，课堂效率的高低也是影响学生评价的重要因素。如果课堂效率高，教师能够充分利用课堂时间，高效地完成教学任务，学生的学习效果和评价往往会更好。相反，如果课堂效率低，教师教学准备不充分，教学方法不合理，学生可能会感到课堂效果不佳，对课堂的评价也会受到影响。

(三) 教师与学生：共生关系

1. 从教师至高无上到"以学生为中心"

(1) 变化：从教师至高无上到师生共生

在教学评一体化的音乐课堂中，教师至高无上和师生共生是两种不同的教学理念和实践方式。教师至高无上强调教师在课堂中的主导地位，教师以权威的姿态传授知识，而师生共生则强调教师与学生之间的平等互动和共同合作，教师与学生共同构建知识。

在教师至高无上的音乐课堂中，教师拥有绝对的权威和控制权，决定课堂内容、教学方法和学习进度。教师通常采用讲授式教学方法，以讲解和示范为主要手段，学生则扮演被动接受者的角色，被要求按照教师的指示和要求完成任务。教师评价学生的表现，往往是基于标准化的考试和测验，重视学生的成绩和排名。相比之下，师生共生的音乐课堂强调教师与学生之间的平等互动和合作关系。在这种课堂中，教师不再是唯一的知识传授者，而是与学生共同构建知识、分享经验、探索问题，教师与学生之间建立起良好的沟通和互动机制，教师鼓励学生发表自己的观点和想法，促进学生之间的合作与交流。教学评价也更加注重学生的全面发展，不仅评价学生的知识掌握程度，还评价其创造力、表现能力和团队合作能力。

从教师至高无上到师生共生的转变是一个由单向传授到双向互动的过程，需要教师和学生双方共同努力和积极参与。这一转变过程有几个关键阶段：首先是认知阶段。在这一阶段，教师和学生开始意识到传统的教学模式存在局限性，教师的单向传授往往难以激发学生的学习兴趣和主动性，学生的参与度和学习效果有限。教师开始反思自己的教学方法和理念，寻求更加有效的教学方式和策略，学生也开始期待更多的互动和合作机会。其次是探索阶段。教师和学生开始尝试新的教学方法和实践方式，探索师生共生的可能性。教师通过引入更多的互动和合作元素，如小组讨论、合作项目等，激发学生的学习兴趣和参与度，学生也积极响应，展示自己的想法和能力。再次是适应阶段。在探索的过程中，教师和学生逐渐适应新的教学模式和互动方式，形成良好的互动和合作氛围。教师开始更加注重学生的自主学习和创造力发展，为学生提供更多的自主学习和探索空间，学生也逐渐习惯更加积极主动的学习方式，展现出更多的自信和创造力。最后是巩固阶段。教师和学生开始巩固和完善师生共生的教学模式和实践方式，不断调整和改进教学方法和策略，使之更符合实际教学需求和学生的学习特点。

（2）何为"以学生为中心"

"以学生为中心"是教育界实践多年的结果，但其实有两种相反的观点长期以来在周旋和斗争。第一种观点认为"以学生为中心"是一种不够友善的教育策略；第二种观点认为"以学生为中心"本身并没有问题，其问题的根源是"以学生为中心"的实施不够到位。

第一种观点认为，将学习责任完全交给学生可能会导致学习效果的下降。学生通常缺乏足够的经验和能力来有效地管理自己的学习，特别是在面对复杂的知识和技能时。在这种情况下，如果教育者仅仅依赖学生自主学习，可能会导致学生学习的方向不明确，学习进度缓慢，甚至学习的深度和广度不够。过度追求学生满意度可能会影响教育的质量。学生往往更倾向于选择简单和容易的学习任务，而不愿意面对挑战。如果教育者只顾迎合学生的需求和意见，而忽视教育的真正目标和价值，那么教育的成效可能会大打折扣。教育不仅仅是满足当前的需求，更重要的是为学生的长远发展打好基础，如果教育者过于关注眼前的学生满意度，而忽视学生未来的发展和成长，那么教育的价值就会受到严重削弱。因此，教育者需要综合考虑学生的当前需求和长远发展目标，制定合适的教育策略和措施。"以学生为中心"本身并没有问题，问题在于其实施得不够到位，教育者应该注重平衡学生的需求和教育的目标，避免过度追求学生满意度，同时要为学生的长远发展打好基础。只有这样，才能让"以学生为中心"的教育真正回归正轨，发挥其应有的作用。

第二种观点认为，"以学生为中心"的教育理念强调的是关注学生的需求、兴趣和特点，将学生置于教育的核心位置，根据学生的实际情况和需求来制订教学计划，这并不意味着教育者完全放弃自己的角色和责任，而是要更加关注学生的发展和成长，促进他们的全面发展，提高他们的自主学习能力。"以学生为中心"的教育策略要求教育者从"讲台上的权威"转变为"身边的向导"。教育者不再是简单地向学生传授知识，而是与学生共同探讨问题、分享经验、解决问题。以学生为中心的教育策略要求教育者能够适应不同学生的需求和特点，灵活调整教学方法和策略。教育者应该根据学生的实际情况和能力水平,制订个性化的学习计划,开展个性化的教学活动,激发每个学生的潜力和创造力,实现个性化发展和全面提升。

2. 教师评价学生:知识与技能的掌握

在教学评一体化的音乐课堂中,教师对学生的评价是促进学生知识与技能掌握的关键因素。通过重视日常评价、关注学生学习过程及精心组织考试,教师能够有效地指导学生的学习,促进其知识与技能的全面发展。

(1) 重视日常评价、关注学生学习过程

教师在音乐课堂中应以学生为中心,关注每个学生的学习情况和发展需求。通过定性评价和定量评价相结合,教师可以全面了解学生的学习水平和学习态度,为他们提供个性化的指导和支持。观察记录、成长手册和作品展示等方式可以帮助教师更加全面地了解学生的学习情况,为后续的教学设计和评价提供参考依据。

在教学过程中,教师应将过程评价和终结评价相结合,全面评价学生的学习成果。过程评价主要关注学生的学习过程和学习策略的运用,如学习态度、参与程度、合作能力等;而终结评价则着重评价学生的学习成果和能力水平,如音乐作品的质量、演奏技巧的掌握等。这样的评价方式可以帮助学生全面发展,并为他们的学习及时提供反馈和指导。

(2) 精心组织考试,发挥考试评价导向作用

考试是评价学生学习成果的重要方式之一,但需要合理组织,避免过度强调分数和成绩,而忽视学生的全面发展。教师可以设计多样化的考试形式,包括笔试、口试、实践操作等,以全面评价学生的知识和技能水平。

教师应注重增加综合性、开放性、应用型、探究性试题的比例,鼓励学生运用所学知识和技能解决实际问题,培养其创新思维和实践能力。这样的考试评价方式有助于激发学生的学习兴趣,提高他们的学习积极性。

教师需要精心组织考试,确保评价的客观、公正和有效。在考试结束后,教师需要进行阅卷统计和数据分析,及时发现学生的学习问题,为改进教学提供参考。同时,教师还需要根据评价结果,及时给予学生反馈和指导,帮助他们改进学习方法,提高学习效果。

考试评价不仅是对学生学习成果的评价,也是对他们心理健康的考验。教师在评价过程中需要注重学生的心理疏导,帮助他们树立正确的学习观

念和应对考试压力的能力,保持积极乐观的心态,促进其全面发展和成长。

3. 学生评价教师:教学过程的动态化设计

学生评教是一种特殊的师生对话。学生对教师的评价是教学过程的动态化设计中的重要环节,主要通过问答交流的过程来体现。这种评价方式不仅可以帮助教师了解学生的需求和反馈,还可以促进教学的改进和提升。

(1) 学生评教评什么

学生对教师的评价应该是全面的、综合的。首先,学生评教可以评价教师是否实施了全人教育,即是否关注学生的身心健康和全面发展。其次,学生评教还应该涵盖个别化教育,即教师是否根据学生的实际情况和需求,采取个性化的教学方式和措施。再次,学生评教还应该评价教学效果,即学生是否能够从教学中获得有效的知识和技能,提高学习成绩和能力水平。最后,学生评教还可以评价教师受学生喜爱程度,即教师是否能够建立良好的师生关系,激发学生的学习兴趣和积极性。

(2) 问卷题目制定

在设计学生评教问卷时,需要注重民主流程,即让每一位教师都参与题目的制定。这样可以确保问卷的设计更加客观和公正,充分考虑到教师的实际情况和需求。问卷题目可以包括教学内容的设计、教学方法的选择、教学态度的表现等方面,以全面评价教师的教学水平和教学效果。同时,问卷题目还应该做到量化和标准化,以方便数据的统计和分析,为教学改进提供有力支持。

(3) 问卷数据提交的对象

学生对教师的评价数据需要提交给专业的教育评价第三方进行处理和分析,以保证数据的安全和可靠性。这样可以避免评价结果受到个人情感和主观因素的影响,确保评价的客观性和公正性。教育评价第三方可以根据学生评教的数据,为学校和教师提供详细的评价报告和建议,帮助他们发现问题、改进教学,并不断提升教学质量和效果。

三、教学评价方法的类型与实施

(一) 发展性评价

1. 帮助构建学生的学习状态

(1) 关注学生的评价

评价者和被评价者需要有统一的认识。发展性评价要求评价者和被评价者之间达成共识,共同认识被评价者的现状、发展特征以及发展水平,从而为进一步的学习提供有效的指导。在音乐教育中,这种共同认识可以通过描述被评价者的现状和发展特征、认定被评价者的发展水平和与被评价者达成共识这几方面来实现。

首先,评价者应该客观地描述被评价者的音乐技能水平、音乐理论知识掌握情况、音乐表达能力等方面的现状。这种描述应该基于客观的数据和观察结果,避免主观臆断和片面评价。其次,评价者需要对被评价者的发展水平进行认定,明确其所处的发展阶段和发展方向。这种认定应该考虑到被评价者的个体差异和发展特点,避免将所有学生一概而论。最后,评价者和被评价者之间应该进行充分的沟通和交流,以确保双方对被评价者的现状和发展特征达成共识。评价者可以向被评价者提供具体的评价数据和反馈意见,引导其对自身的学习状态进行深入思考和认识,从而为未来的学习规划和改进提供有效的参考。

除了共同认识的建立,发展性评价强调评价等级的使用只是为了分析被评价者的优势和不足,提出具体的改进建议。

从分析被评价者的优势和不足来看,评价等级主要用于分析被评价者在音乐学习过程中的优势和不足之处。评价者应该客观地评价被评价者在音乐技能、音乐理论知识、音乐表达能力等方面的表现,发现其在学习中存在的优势和不足之处。评价等级使用的最终目的是提出具体的改进建议,帮助被评价者进一步改进和提高。评价者可以根据被评价者的优势和不足,提出针对性的学习建议和改进措施,引导其在学习中不断进步。最后,评价者在使用评价等级时应该避免过度强调学生的得失,不应该给被评价者带来过多的压力和焦虑。评价者应该注重激励和引导,帮助被评价者树立正确的学习态度和价值观,从而积极面对评价结果,不断完善自我。

(2) 注重教学评价理念

音乐创作是音乐教育中至关重要的一环,通过发展性评价理念,教师可以为学生提供支持和鼓励,有效引导学生实施创作,并帮助他们树立良好的创作意识。

在音乐创作过程中,学生常常面临自信不足和创作困难的挑战,教师应该注重给予学生足够的支持和鼓励,让他们在音乐创作中感受到成功的喜悦。这可以通过积极的反馈和肯定来实现，例如及时给予学生创作作品的正面评价，鼓励他们勇于尝试和表达自己的想法，建立起自信心和创作的动力。

有效实施发展性评价是一种注重学生成长和进步的评价方式。与传统的单纯以分数评定学生成绩的方式不同，发展性评价更加注重学生的个体发展和进步。在音乐课堂中，教师可以采用多样化的评价方法，如口头反馈、书面反馈等，帮助学生发现自己的优点和不足，指导他们在音乐创作中不断改进和提高。另外，引导学生树立良好的音乐创作意识是学生成功进行音乐创作的关键。教师可以通过音乐作品的欣赏和分析，引导学生了解不同风格和形式的音乐作品，培养他们对音乐创作的兴趣和理解。同时，教师还应该鼓励学生积极参与音乐创作活动，为学生提供创作的机会和平台，让他们在实践中逐步培养出良好的创作意识。在音乐创作教学中，教师应该采用科学、合适的方法来带动学生的创作积极性。例如，可以通过启发式问题、创作任务等方式，激发学生的创作灵感和兴趣；可以引导学生进行合作创作，促进学生之间的交流与合作；可以为学生提供创作工具和资源，降低他们进行创作的门槛。通过这些方法，可以有效地激发学生的创作积极性，提高他们的创作水平。在作品完成后，教师还应该进行总结，对学生的创作进行全面的评价和反馈，帮助他们发现不足和改进的空间，同时要肯定他们的努力和成就，使学生建立起音乐创作的自信心和自豪感。

通过发展性评价理念，教师可以为学生提供支持和鼓励，有效引导学生进行音乐创作，并帮助他们树立良好的创作意识。在音乐课堂中，教师应该注重多样化的评价方式，引导学生积极参与音乐创作活动，以科学、合适的方法带动学生的创作积极性，并针对学生的具体情况进行个性化的指导和总结性评价，使他们在音乐创作中不断成长和进步。

（3）引入教学评价内容

音乐创作思维的培养是音乐教育中的重要目标之一，通过发展性评价理念，教师可以在音乐课堂上引入教学评价内容，提升学生的音乐创作思维，帮助他们构建积极的学习状态。

发展性评价强调教师对学生全面发展的关注，因此教师在音乐课堂上需要对学生各方面的变化时刻给予关注，这包括学生的音乐技能、表现水平、创作能力、情感态度等方面。第一，教师要通过观察学生的表现、与学生交流、听取学生的意见等方式来了解学生的变化，并及时进行评价和反馈，帮助他们发现自己的优点和不足，引导他们不断进步和成长。第二，教师需要落实沟通交流的过程。沟通交流是发展性评价的重要环节，也是音乐创作思维培养的关键。教师应该落实沟通交流的过程，与学生建立起良好的互动关系，倾听他们的声音，理解他们的想法，为他们提供开放、包容的学习环境。在音乐课堂上，教师可以通过小组讨论、互动演奏、个人反思等方式促进学生之间的交流与合作，激发他们的创作激情，拓展他们的音乐思维。第三，遵循"以学生为中心"的原则，提升学生音乐创作思维。"以学生为中心"的原则是发展性评价的核心理念之一，在音乐教育中同样适用。教师应该以学生的需求和兴趣为出发点，设计丰富多彩的音乐活动，激发学生的创作欲望，提升他们的音乐创作思维。例如，教师可以根据学生的兴趣和特长，设计个性化的创作任务，引导他们在音乐创作中发挥自己的想象力和创造力，不断探索和尝试新的音乐表达方式。第四，为个性发展创造有利条件。个性发展是每个学生独特的需求和追求，教师应该为学生的个性发展创造有利条件。在音乐课堂中，教师可以带领学生到自然环境中体验和学习，例如户外音乐活动、野外写生等，让学生感受大自然的美好，激发他们的创作灵感。同时，教师还可以鼓励学生在音乐创作中表达自己的个性和情感，让他们在音乐创作中找到属于自己的声音，培养出独特的音乐风格和个性。

教师应该关注学生的各方面变化，落实沟通交流的过程，遵循"以学生为中心"的原则，为学生的个性发展创造有利条件，从而激发学生的创作潜能，促进他们在音乐创作中的成长和发展。

2. 协助学生形成音乐知识的形态

(1) 强调评价的过程性

强调评价的过程性对于帮助学生形成音乐知识的形态至关重要。发展性评价理念不仅关注学习结果，更关注学习过程中的能力、素养、思维方式以及知识结构的形成。

教师要关注学生学习过程中的能力与核心素养、思想与方法论、知识结构的形成。在音乐课堂上，教师不仅要关注学生的学习结果，还应该注重学习过程中的各个方面。这包括学生的音乐技能、表现能力、批判性思维、创造性思维等核心素养的培养,以及思想方法论的形成和知识结构的建立。教师可以通过了解学生在音乐学习过程中所展现出的能力和素养,帮助他们建立起扎实的音乐知识结构和思维方式。更进一步,教师要关注学生对知识的重构,关注知识的举一反三和内化过程。音乐知识的形态不仅体现在学生对具体知识点的掌握,更体现在学生对知识的重构和内化过程。在音乐课堂上,教师应该关注学生对知识的理解和应用能力,引导他们将学到的知识与实际情境相结合,发挥举一反三的能力。同时,教师还应该关注学生对知识的内化过程,帮助他们将学到的知识转化为自己的思想和行为方式,形成稳定的认知结构和学习习惯。最后,在评价环节要以过程价值为理念,挖掘学生的隐性能力,发现学生在学习中出现的问题,并予以改进的建议,以评价促进教学。评价环节不仅是对学生学习成果的总结,更是对学生学习过程的反思和改进。教师应该以过程价值为理念,注重挖掘学生的隐性能力,例如创造力、表达能力等,引导学生发挥潜能。评价环节的反馈和指导,可以促进教学的持续改进,推动学生形成更为完善的音乐知识形态。

(2) 关注个体差异和评价主体的多元化

发展性评价的理念关注个体差异和评价主体的多元化,在发展性评价中需要发挥教师的主导作用,凸显学生主体地位。教师需要调动学生的积极性,并实现自我评价、小组评价、教师评价的三位一体。

传统的音乐教育模式中,教师往往扮演着知识的传授者角色,学生处于被动接受的地位。发展性评价则强调教师的主导作用应该是引导和激发学生的学习兴趣和能动性,凸显学生的主体地位。在音乐课堂上,教师应该从传输知识转变为引导学生自主探索,激发学生的学习兴趣和动力,让他们成为音乐学习的主体。

为了更好地关注学生的个体差异和评价主体的多元化,教师需要调动学生的积极性,建立起自我评价、小组评价、教师评价的三位一体评价体系。在音乐课堂上,教师可以通过让学生参与课堂讨论、小组合作、个人表演等方式,激发学生的参与和投入,让他们积极参与到评价过程中来,形成全方位的评价结果。通过学生自我评价和小组评价,可以更好地发现个体差异,而教师评价则可以起到指导和引领的作用,促进学生的进步和成长。

另外,在发展性评价的设计环节中,需要考虑方法的多元化,将定性评价和定量评价相结合,使过程性评价和结果性评价相补充,形成更加客观和综合的评价结果。在音乐课堂上,教师可以采用多样化的评价方法,如观察记录、口头反馈、作品展示、学习笔记、作业评定等,全方位地了解学生的学习情况和表现。同时,教师还要注重过程性评价与结果性评价。

3. 促进学生原有水平的持续发展

(1) 关注评价过程的整体性

传统的音乐教育往往局限于单元内的浅层化、碎片化的教学内容,学生只是被动接受零散的知识点。发展性评价理念强调要打破这种限制,从整体视角来统领单元的主旨。在音乐课堂上,教师可以通过设计完整的学习任务和项目,让学生从整体上理解音乐的内在逻辑和主题,培养他们的整体思维和抽象思维能力,从而促进音乐知识的形成。评价过程的整体性要求教师把握知识的整体性,在评价中设计多个知识点相互映照和互补的综合性任务。在音乐课堂上,教师可以通过综合性的项目和任务来评价学生的音乐知识和能力,例如综合表演、创作项目等。这些任务既能考查学生对音乐基础知识的掌握,又能评价他们的音乐表现能力和创作能力,从而全面地了解学生的学习情况。在评价过程中,教师应该关注学生的综合能力,从评价结果中分析学生原有水平,形成有针对性的发展计划。在音乐课堂上,教师可以通过综合性评价工具和方法,如评价表、综合评价任务等,全面地了解学生的学习情况和能力水平,发现他们的优势和不足。基于评价结果,教师可以为学生制订个性化的学习计划和教学策略,针对性地提供支持和指导,促进他们的学习和发展。

(2) 关注学生的未来发展方向

关注学生的未来发展,为其提供多元路径,促进音乐知识的形成,首先需要明确学生自身发展需求与特点,并作为促进其可持续发展的逻辑起点。其次,通过音乐知识教育、心理健康教育、未来规划教育,为学生提供未来发展的多元路径。

发展性评价强调以学生为中心,因此,明确学生自身发展需求与特点,并将其作为促进学生可持续发展的逻辑起点至关重要。音乐教育应该根据学生的兴趣、能力、性格特点等，设计个性化的学习路径，为其提供个性化的学习体验。例如，对于有音乐创作天赋的学生，可以提供更多的创作机会和资源；对于喜欢表演的学生，可以组织音乐会或演出活动，让他们展现自己的才华。通过充分了解学生的需求和特点，并为其提供个性化的支持和指导，可以有效促进学生的可持续发展。音乐课堂不仅是传授音乐知识的场所，也是学生全面发展的重要平台。因此，音乐知识、心理健康、未来规划等多方面的教育，可为学生提供未来发展的多元路径。音乐知识教育可以帮助学生掌握专业知识和技能，为其未来的音乐事业奠定基础；心理健康教育可以帮助学生建立健康的心态，增强抗挫折能力和适应能力；未来规划教育可以帮助学生认清自己的兴趣和目标，制定合理的职业规划，为其未来的发展方向提供指导和支持。这些多元化的教育路径，可以帮助学生全面发展，为其未来的音乐事业打下坚实的基础。

（二）表现性评价

1. 以核心素养为指引，明确评价的首要目标

（1）以素质目标和课程目标为指引

表现性评价是一种关注学生具体学习表现的评价方式，它旨在通过观察学生的表现和作品，来评价其音乐学科核心素质的发展情况。

音乐学科核心素质包括审美感知、艺术表现和文化理解。这些素质是音乐教育的重要目标，也是评价学生学习成果的重要标准。在音乐课堂上，表现性评价应该聚焦于这些核心素质的培养和发展。通过观察学生的音乐表演、音乐作品、音乐理解等方面的表现，来评价他们在审美感知、艺术表现和文化理解方面的能力水平，帮助他们全面发展。

教学评一体化下的课程目标旨在激发学生的学习兴趣、增加情感体验、建立乐观积极的价值观，以及追求个人价值与社会自然价值的统一。这些目标为音乐教育提供了指引，也为音乐课堂表现性评价提供了方向。在评价学生的表现时，教师应该关注学生是否展现出对音乐的热爱和兴趣，是否能够通过音乐表达丰富的情感，是否具有积极向上的学习态度和价值观，以及是否能够将个人的音乐追求与社会自然价值相统一。通过这些方面的评价，可以全面了解学生的学习情况和成长轨迹，为其未来的发展提供指导和支持。

为了实现以核心素养为主题的音乐课堂表现性评价目标,教师需要采取不同的措施。第一,设计多样化的评价任务和项目。通过多样化的评价任务和项目,如音乐表演、歌曲创作、音乐作品分析等,全面观察学生的表现和作品,评价其在审美感知、艺术表现和文化理解方面的水平。[①]第二,注重情感体验和内心世界的表现。教师要注重学生的情感体验和内心世界的表现,观察他们是否能够通过音乐表达自己的情感,是否能够深入理解音乐背后的文化内涵和情感表达。第三,关注学生的学习态度和价值观。评价学生的表现不仅要关注其音乐技能和水平,还要关注其学习态度和价值观。教师可以通过观察学生的学习行为、参与程度、团队合作能力等方面来评价他们的学习态度和价值观。第四,建立个性化的评价体系。针对不同学生的特点和需求,建立个性化的评价体系,为其提供针对性的评价和反馈。

(2) 以学生目标为方针

音乐课堂表现性评价的首要目标之一是增加学生的音乐知识与技能。教师应该根据学生的个体特点和学习需求,设计多样化的评价方式和任务,以提升其音乐素养。首先,通过教学内容的系统性安排,引导学生了解常见的音乐结构和体裁,如交响乐、协奏曲、歌曲、器乐曲等,帮助他们理解音乐的基本构成和风格特点。其次,引导学生掌握乐谱的基本符号和记谱法,准确地阅读和理解乐谱,从而更好地进行音乐演奏和表演。从歌唱技巧来看,针对学生的声乐特点和水平,教师可以设计合适的歌唱训练和练习,帮助他们提高歌唱技巧和音准感。从乐器使用能力来看,对于学习乐器的学生,应该注重其乐器演奏技能的培养,包括正确的演奏姿势、手指技巧、音色控制等方面的训练。从创造能力来看,鼓励学生进行音乐创作,可以通过作曲、编曲、改编等方式,培养学生的创造性思维和表现能力。

音乐课堂表现性评价还应该注重发展学生的高阶思维能力。首先,教师要善于引导学生运用批判性思维,可以通过课堂讨论、作品分析等方式,引导学生批判性地思考音乐作品的内涵、表现手法和意义,培养其批判性思维和分析能力。其次,鼓励学生进行音乐创作和表演,促进其创造性思维和

---

① 陈娟娟.表现性评价在小学美术教学中的应用[J].新课程导学,2023(34):43-46.

想象力的发展。教师可以提供创作任务和指导，引导学生进行音乐创作，从而培养其创造性思维和创作能力。最后，通过音乐作品的情境化解读，帮助学生理解音乐作品背后的文化内涵和情感表达，促进其情感体验和情境化思维能力的发展。

以学生目标为方针、以核心素养为主题的音乐课堂表现性评价，可以更好地引导学生增加音乐知识与技能，同时发展其高阶思维能力。教师在评价过程中应该注重个体差异和学生需求，设计个性化的评价方式和任务，促进学生全面发展和音乐素养提升。

（3）表现性评价的目标和具体特征

表现性评价首先要关注学生的知识与能力目标。教师的引导在其中起到关键作用，通过教师的指导，学生可以自主观察与探究音乐，自主欣赏与表现音乐，从而掌握音乐语言和技法。评价的重点不仅在于学生对基础知识的掌握程度，更在于他们是否能够运用所学的知识和技能进行创作。例如，教师可以引导学生进行音乐改编或原创，从而提升他们的音乐表现能力。除了关注学生的知识与能力目标外，音乐课堂上的表现性评价还应关注学生的学习过程与方法目标。在评价过程中，教师不仅要关注学生最终的音乐表现，还要重视他们的学习过程和方法。教师可以通过方法论指导，鼓励学生运用不同的方法和技巧进行音乐创作和表演。例如，教师可以鼓励学生尝试不同的音乐风格和曲风，激发他们的想象力和创造力，从而提升他们的音乐表现水平。音乐课堂上的表现性评价还应关注学生的情感态度与价值观目标。通过音乐教育，可以培养学生的想象力、创造力和审美力，激发他们对传统音乐与民族音乐的热情，培养他们的音乐爱好和审美情趣。在评价过程中，教师可以关注学生对音乐的情感表达和态度，以及他们对音乐文化的理解和认同程度。例如，教师可以通过学生的音乐作品和表演来评价他们的情感表达能力和对音乐的热情程度，从而促进他们的全面发展和音乐素养提升。

通过了解表现性评价的目标和具体特征，可以实现以核心素养为主题的音乐课堂评价。明确评价的首要目标，从知识与能力目标、过程与方法目标以及情感态度与价值观目标三个方面入手，促进学生全面发展和音乐素养提升。教师的引导在其中起到至关重要的作用，可为学生提供丰富多彩的音乐学习体验,激发他们对音乐的热爱和兴趣。[1]

2. 规划表现性任务以驱动教学

(1) 以基础任务评价确定学习起点

表现性评价是促进学生全面发展和音乐知识形成的重要手段。基于基础任务评价确定学习起点,然后规划表现性任务,可以有效驱动音乐教学,满足学生的学习需求。

通过基础任务评价,教师可以了解学生对学习内容的理解程度。基础任务评价可以包括课堂小测验、作业完成情况、课堂讨论等形式,通过这些评价方式,教师可以了解学生对音乐基础知识、技能和概念的掌握情况,以及他们对音乐学科的整体理解程度,这为后续的表现性任务规划提供了重要的参考依据。基于基础任务评价结果,教师可以针对学生的当前能力水平进行有针对性的教学。针对不同水平的学生,教师可以选择不同的教学策略和方法,以满足他们的学习需求。对于掌握基础知识较好的学生,教师可以设计更具挑战性的任务,以促进其进一步提高;对于理解能力较弱的学生,则可以采用更加直观和生动的教学方式,帮助他们理解和掌握学习内容。在了解学生的学习基础和能力水平的基础上,教师可以更好地摸清学生的学习状态,并据此布置深层任务。深层任务可以是需要学生进行创作、演奏、表演的任务,旨在促进学生的综合能力和表现力的提升。通过这些深层任务,学生不仅可以巩固基础知识,还可以提升自己的音乐表现能力和创造力。同时,深层任务也可以激发学生的学习兴趣和热情,增强其对音乐学科的认同感和归属感。

(2) 以深层任务提升学习能力

设计具有深度和挑战性的任务,可以有效地提升学生的学习能力和表现水平。

任务设计应该具有一定的挑战性,超越学生的舒适区,激发其学习兴趣和动力。例如,要求学生掌握一首复杂乐曲的演奏,或者进行音乐作品的分析和批判性思考。任务应该涵盖多个学习领域,包括音乐理论、历史背景、

---

[1] 冯国蕊,韩月,曹亚光,等."教—学—评"一体化视角下的课堂评价:实践样态与教师理解[J].创新人才教育,2024(1):53-60.

演奏技巧等,帮助学生形成全面的音乐素养。例如,设计一个综合性项目,要求学生结合音乐理论知识、乐器演奏技巧和合作能力,完成一次音乐表演或创作。任务应该是一个持续进行的过程,而不是一次性的活动。通过持续性任务,学生可以逐步提升自己的学习能力和表现水平。例如,设计一个长期的音乐创作项目,要求学生在一段时间内持续进行创作,并进行反馈和改进。任务需要与实际生活和音乐实践紧密结合,让学生能够将所学知识和技能应用到实际中去,增强其学习的实用性和可持续性。例如,要求学生参与音乐社区活动或音乐比赛,实践所学知识和技能。任务的完成应该能够通过表现性评价来展现学生的学习成果和能力水平,例如音乐表演、作品展示、音乐分析报告等。通过表现性任务,学生可以展示自己的音乐才华和表现能力。[1]

3. 以探究过程为视点,确定评价标准

有效确定评价标准才能够将教育的基础点确立得更牢固,树立正确的教育方法。为了有效确定评价标准,需要着眼于学生的探索过程。

评价标准应该关注学生的学习过程,而不仅仅是结果,这意味着不仅要评价学生最终的表现,还要关注他们在探索、实践、反思过程中的表现。例如,是否能够积极主动地参与探究活动,是否能够合作探索问题,是否能够批判性地思考和分析音乐作品等。在确定评价标准时还可以从音乐识唱能力、学习态度和表达能力等方面进行考量。例如,评价学生对音乐节奏、旋律、和声等基本要素的识别,以及能否准确演唱给定的乐谱或音乐片段;评价学生在学习过程中的积极性、主动性和合作精神,以及对音乐学习的态度和兴趣是否持续;评价学生能否清晰、准确地表达自己的音乐理解、观点和想法,以及是否能够运用音乐术语和专业语言进行交流和表达。

以探究过程为视点确定评价标准,可以更好地促进学生的学习和发展,使评价更加客观、全面。评价标准不仅有助于教师把握学生的学习情况和表现水平,还能够激励学生更加努力地学习,提高学习效果和学习动力。

4. 丰富评价主体,促进评价多元发展

学生自评是评价过程中重要的一环。通过自评,学生能够审视自己的

---

[1] 陈娟娟.表现性评价在小学美术教学中的应用[J].新课程导学,2023(34):43-46.

学习过程和表现，发现自身的优势和不足，并反思改进。在音乐课堂上，学生可以通过学习笔记、学习日志或自我评价表等进行自评。同学互评能够让学生从不同的角度审视自己。通过观察和交流，学生可以发现同学的优点和成绩，在评价他人的同时反思自己的表现。例如，在音乐合作项目中，学生可以互相评价对方的演奏技巧、合作态度等。教师的点评是评价过程中至关重要的一环。教师可以根据学生的表现，提供及时的反馈和指导，帮助学生发现问题并改进。通过教师的点评，学生可以更清晰地了解自己的学习情况和表现水平，在教师的指导下逐步提升。价值观点评是指从道德层面对学生的表现进行评价。在音乐课堂上，可以通过讨论音乐作品的主题、情感表达等方面，引导学生思考和评价音乐的价值，并将这种价值观引导到学生对自身学习和表现的评价中。社会评价是指来自社会大众的评价和认可，例如学生参加音乐比赛、演出或社区活动后，可以得到家长、观众和社会的评价和反馈。这种社会评价可以激励学生努力学习和表现，增强他们的自信心和成就感。

通过学生自评、同学互评、教师点评等多种途径，学生可以从不同的角度审视自己的学习过程和表现，全面了解自己的优势和不足，为进一步提升提供方向和动力。

（三）描述性评价

描述性评价首先要用对客观现实的描述来评价学生和学习成果，不同学年、不同学段都需要做不同的描述性评价。在描述性评价的过程中，不能过于体现教师的主观与喜好，教师需要在教学实践的过程中做出客观且适当的评价。

1. 学年阶段性评价

（1）描述性评价的基础

音乐课堂作为教学评一体化的重要组成部分，不仅是学生音乐素养培养的场所，也是教师评价学生学业表现和综合素质的重要环节。在教学评一体化的背景下，学年阶段性评价是对学生综合素质的全面分析，同时是教师、家长和学生之间积极交流与沟通的桥梁，需要教师之间进行讨论、交流与判断，以确保评价的客观公正。

首先，教师需要对学生的综合素质进行全面分析。这是评价的重点之一。这种全面分析不仅局限于对学生音乐技能和知识掌握程度的分析,还包括对学生音乐情感、表现力、团队合作能力等方面的分析。在进行学年阶段性评价时,教师可以结合课堂表现、作业完成情况、考试成绩等多种评价方式,对学生进行综合评价。例如,教师可以通过观察学生在合唱团或乐队中的表现来评价其团队合作能力,通过听力测试来评价学生的音乐理论知识掌握情况,通过学生的音乐作品展示来评价其创造力和表现力等。这种综合性的评价能够更全面地反映学生的综合素质,有助于教师更好地指导学生的学习和成长。

其次,教师需要与家长和学生及时积极地交流与沟通。教师、家长和学生之间及时积极的交流与沟通是实施学年阶段性评价的重要保障。通过与家长和学生的沟通,教师可以了解到学生在课堂上和课外的学习情况、兴趣特长等信息,从而更加全面地评价学生的学业表现和综合素质。为了实现有效的交流与沟通,教师可以采取多种方式,如定期举行家长会、通过电子邮件或短信与家长联系、利用在线教育平台发布学生学习情况等。在交流与沟通的过程中,教师不仅可以向家长介绍学生的学业表现和综合素质,还可以获得家长和学生的意见和建议,共同探讨学生的学习发展方向和解决学习问题的方法。

最后,教师之间的讨论、交流与判断也是至关重要的。除了与家长和学生之间的交流外,教师之间的讨论、交流与判断也是评价的重要环节。在音乐课堂中,教师可以通过教研活动、评课交流等方式,与其他音乐教师进行交流和讨论,分享教学经验、探讨评价方法,共同提高评价的准确性和客观性。在教师之间的讨论和交流中,可以针对学生的学习情况和综合素质进行分析和评价,比较不同学生之间的差异,找出评价中存在的问题和改进的方法。同时,教师之间也可以共同制定评价标准和评价方法,确保评价的公正性和科学性,为学生的学习和成长提供更好的指导和帮助。

(2) 描述性评价的依据

描述性评价的依据来源于多个方面,包括学校的日常评价记录和证据、课堂中测试结果与作业完成情况以及纸质材料之外的口头证据。通过综合分析这些依据,教师可以更全面、客观地评价学生的学习情况和综合素质。

学校的日常评价记录和证据是描述性评价的重要依据之一。这些记录和证据包括学生的考试成绩、课堂表现评价、参加活动的情况等。在音乐课堂中,教师可以根据学生的课堂参与情况、作业完成情况、音乐作品表现等,结合学校的日常评价记录和证据,进行综合评价。教师可以根据学生在课堂上的参与度、对音乐知识的掌握程度、对乐器演奏技能的掌握情况等进行评价。同时,教师还可以结合学生的考试成绩、参加音乐比赛或演出的情况等,进行综合评价。

课堂中测试结果与作业完成情况也是描述性评价的重要依据之一。通过定期进行小测验、期中期末考试等方式,教师可以了解学生对音乐知识的掌握程度和理解程度。同时,通过检查学生的作业完成情况,可以了解学生在课后对音乐知识的复习和应用情况。教师可以根据学生在测试中的成绩,评价其对音乐理论知识的掌握程度和理解程度。同时,教师还可以根据学生的作业完成情况,评价其对乐器演奏技能的掌握情况和音乐作品的表现能力等。这样的评价依据可以直观地反映学生在音乐学习方面的实际水平。

除了纸质材料,口头证据也是描述性评价的重要依据之一。在音乐课堂中,学生的口头表现、互动交流等也可以作为评价依据。教师可以通过观察学生在课堂上的表现、参与讨论的情况、提问回答的质量等,了解学生的学习态度和表现水平。教师可以根据学生在课堂上的表现,评价其对音乐知识的理解程度和学习态度。同时,教师还可以根据学生在课堂上的互动交流情况,评价其团队合作能力和沟通能力等。这样的口头证据可以为教师提供更直观、更全面的评价依据,有助于准确地评价学生的学习情况和综合素质。

(3)描述性评价的内容和语言

描述性评价的内容和语言应该具备一定的特点,包括结果以等级制呈现,评语使用激励性语言,客观描述学生的进步、潜能和不足,以及引导学生制订简要的改进计划。

描述性评价的结果通常以等级制呈现,以便更清晰地反映学生的学习情况和综合素质。等级制的评价结果通常包括优秀、良好、一般和待改进等,每个等级都对应着学生在不同方面的表现情况。这样的等级制评价结果能够直观地告诉学生和家长学生的学习状况,同时为学生的进步提供目标和动力。

在描述性评价中,教师应该使用激励性语言,鼓励学生不断进步,激发他们的学习动力和自信心。评语应该积极向上,强调学生的优点和进步,同时应该指出学生需要改进的地方,但要避免给学生造成挫败感。对于一个音乐作品的表演,教师可以在评价中指出学生的音准、节奏感、表情等方面的优点,并称赞学生的努力和进步,同时应该提出学生需要注意的地方,并鼓励学生继续努力,相信他们能够取得更好的成绩。这样的激励性评语可以激发学生的学习热情,增强他们的自信心。

描述性评价应该客观地描述学生的进步、潜能以及不足,不偏袒任何一方,以确保评价的公正性和准确性。评价应该基于客观的事实和证据,避免主观臆断和个人偏见。

描述性评价还应该引导学生制订简要的改进计划,帮助他们针对评价结果中的不足进行改进和提高。改进计划应该具体明确,包括目标设定、具体措施和时间安排等,有助于学生有针对性地进行学习和提高。

(4)描述性评价的目的

描述性评价的目的是多方面的,旨在帮助学生认识自我、树立自信,同时有助于教师提升教学能力并对课堂教学进行升级。

描述性评价的一个重要目的是帮助学生认识自我。通过评价学生的学习情况和综合素质,包括优点、不足以及潜力等方面,可以让学生更全面地了解自己的学习情况和能力水平。这种自我认识不仅仅是对自己优点的认识,也包括对自己不足之处的认识,有助于学生进行自我反思和提高。

描述性评价还可以帮助学生树立自信。在评价过程中,教师应该充分肯定学生的优点和进步,鼓励学生继续努力,相信自己的潜力和能力。这样的正面反馈和激励可以增强学生的自信心,让他们更加坚定地走向未来之路。

描述性评价不仅对学生有益,对教师也具有重要意义。通过对学生学习情况的综合评价,教师可以更清晰地了解学生的学习需求和特点,从而有针对性地调整教学策略和方法,提升自己的教学能力。同时,描述性评价也可以帮助教师发现课堂教学中存在的问题和不足,及时进行改进和提升课堂教学水平。

2. 学段终结性评价

(1) 描述性评价的日常型依据

学生的日常表现是学段终结性评价的描述性评价日常型依据之一。教师可以通过观察学生在课堂上的表现、参与程度、作业完成情况以及课外活动等方面的表现，对学生的学习态度、学习习惯和综合素质进行评价。教师可以通过观察学生的合唱表现、乐器演奏技能、音乐理论知识掌握情况等方面的表现，评价学生的音乐素养和综合能力。此外，教师还可以考查学生对音乐活动的参与程度和态度，例如是否积极参加音乐比赛、音乐会等，是否主动参与音乐社团、乐队等，这些都是评价学生综合素质的重要依据。

学生评价结果以及成长记录袋也是学段终结性评价的描述性评价日常型依据之一。在教学评一体化的背景下，学生评价结果以及成长记录袋是学生自我评价和教师评价的结合，记录了学生在学习过程中的成长和进步情况。学生评价结果以及成长记录袋可以包括学生自我评价的内容，教师的评价意见，学生的学习成绩，学生参加的音乐比赛、演出等活动的表现情况，以及学生的综合素质评价等。这些信息可以全面反映学生在音乐学习和综合素质方面的表现，为学段终结性评价提供重要依据。

综合素质评价报告书是学段终结性评价的描述性评价日常型依据之一。该报告书是教育部门根据综合素质评价要求制定的文件，记录了学生在学习过程中的各个方面的表现情况，包括学业水平、思想品德、身心健康、艺术素养等多个方面。综合素质评价报告书可以记录学生在音乐学习和艺术素养方面的表现情况，包括音乐理论知识掌握情况、音乐表演技能、音乐创作能力、音乐审美能力等。教师可以根据这些信息，结合学生日常表现和学生评价结果，对学生的综合素质进行全面评价。

学生自评和学生互评结果也是学段终结性评价的描述性评价日常型依据之一。在音乐课堂中，学生可以通过自评和互评的方式，对自己和同学的学习情况和综合素质进行评价，形成相互促进的良好氛围。学生自评和学生互评结果可以反映学生对自己和同学的认识程度，以及对自己和同学的评价标准和态度。通过这种方式，教师可以了解学生的自我认识能力和人际交往能力，为学生的综合素质评价提供更多的参考依据。

(2) 描述性评价的分析型依据

学段终结性评价的描述性评价的分析型依据主要包括教师之间的集体讨论与分析,以及对能够反映学生成长与发展过程的重要数据和关键表现的收集和分析。这些依据能够帮助教师更加深入地理解学生的学习情况和综合素质,并从中得出综合性的评价结论。

在教学评一体化的音乐课堂中,教师之间的集体讨论与分析是评价的重要环节之一。通过教师之间的集体讨论,可以汇聚各位教师的专业知识和经验,共同分析学生的学习情况和综合素质,从而形成初步的评价结论。教师可以通过集体研讨的形式,对学生的音乐表演、音乐理论知识掌握情况、音乐创作能力等方面展开分析。教师们可以分享各自的观察和评价结果,比较学生在不同方面的表现,找出学生的优点和不足,共同探讨如何更好地促进学生的学习和发展。教师之间的集体讨论与分析,可以加深对学生学习情况和综合素质的理解,形成初步的评价结论,并为后续的评价工作提供重要参考和支持。

除了教师之间的集体讨论与分析,学段终结性评价的描述性评价的分析型依据还包括收集和分析能够反映学生成长与发展过程的重要数据和关键表现。这些数据和表现可以来自多个方面,包括学生的考试成绩、作品展示、参与比赛的成绩、学生自评和学生互评结果等。教师可以通过分析学生的考试成绩、音乐作品展示成果、参与音乐比赛的表现情况等来收集学生的重要数据和关键表现。同时,教师还可以结合学生自评和学生互评结果,了解学生对自己和同学的认识程度与评价标准,以及学生在学习过程中的成长和进步情况。由此,教师可以更加客观地了解学生的学习情况和综合素质,为评价提供更加充分的依据和支持。同时,这些数据和表现也可以为学生的个性化学习和成长提供有力的指导和帮助。

(3) 描述性评价的内容与语言

描述性评价的内容与语言应该基于对评价的日常型依据和分析型依据进行分析与概括。通过综合分析这些依据,描述性评价能够帮助教师从多个角度全面了解学生的学习情况和综合素质发展。比如,可以结合学生的日常表现和成绩数据,与教师之间的集体讨论和分析结果相结合,概括学生在音乐学习中的优点、不足以及潜力,并为学生的个性化学习提出建议和指导。

描述性评价的内容与语言应该从学生的整体表现入手,避免以偏概全。在评价学生时,不能仅仅根据单一的依据或表现来进行评价,而是应该综合考虑学生在不同方面的表现情况,形成全面的评价。如在评价学生的音乐学习情况时,除了考虑学生的音乐作品表演水平,还需要考虑学生的音乐理论知识掌握情况、音乐创作能力、音乐欣赏能力等多个方面。只有从学生的整体表现入手,才能更准确地了解学生的学习情况和综合素质发展。

描述性评价的内容与语言应该描述学生的综合素质。在评价学生时,除了关注学生的学业成绩,还需要关注学生的思想品德、身心健康、艺术素养等多个方面的发展情况。教师可以通过描述学生在音乐学习中的进步和成就,以及对音乐的热爱和投入程度,来展现学生的艺术素养和综合素质。

3. 描述性评价的基本程序

描述性评价的基本程序包括学生自评、学生互评以及描述性评价结果的呈现和使用。这一过程有助于学生更好地认识自我、促进学生之间的相互理解与尊重,并为教师提供全面的评价信息,从而更好地指导和支持学生的学习和发展。

(1) 学生自评

在学生自评中,自我描述评语是评价的重要组成部分。这些评语应基于成长记录袋和现实表现,学生根据自己的实际情况进行自我评价,并用文字表达出来。自我描述评语应该是客观的、真实的,反映学生对自己学习和发展的认识。学生可以结合自己的音乐学习经历、音乐表演、音乐创作等方面,描述自己在音乐学习中的进步和成长,同时应该客观地指出自己在学习中存在的不足和需要改进的地方。

(2) 学生互评

学生互评是描述性评价的重要环节之一。在学生互评中,学生被分成几个小组,每个小组随机抽样,对照学生自评、成长记录袋和现实表现,学生之间互相进行等级评价。在学生互评中,学生应该客观地评价同学的学习和表现情况,根据实际情况给予等级评价,并可以给出具体的建议和意见。互评的过程不仅可以帮助学生更好地认识自己,还可以促进学生之间的相互理解与尊重。

（3）描述性评价结果的呈现和使用

描述性评价结果的呈现和使用是评价过程的最后一步。在描述性评价结果的呈现和使用中，教师需要对学生的综合素质进行等级评价，并将评价结果呈现给学生和家长。在呈现描述性评价结果时，教师应该对不同维度进行等级评价，如艺术兴趣、艺术表现等。通常情况下，A等级的比例以30%左右为适宜情况，评D等级（不合格）时需要极为慎重。除了等级评价外，教师还需要写综合性评语，突出学生的特点和潜能，指导学生未来的学习和发展方向。评价结果的呈现和使用不仅可以帮助学生和家长了解学生的学习情况和综合素质，还可以为学生的个性化学习和成长提供有效的指导和支持。

通过以上基本程序，教学评一体化的音乐课堂可以更全面地评价学生的学习情况和综合素质，促进学生的个性化学习和成长，实现教育教学的优质发展。

第三章　基于教学评一体化的音乐教学策略

第一节　重塑义务教育音乐教学的观念

一、新时代下的音乐教学观念

以教学评一体化的教学策略来重塑义务教育音乐教学的观念至关重要。对传统观念的重新审视能够获得音乐教育的新意义。"寓教于乐"是音乐教育的核心理念之一,意味着通过音乐的欣赏、演奏、创作等活动来达到教育的目的。在教学评一体化的背景下,我们应当更加重视这一理念的实践,将音乐教学与学生的兴趣、情感和体验相结合,使学生在愉悦的音乐氛围中获得知识和技能的提升。通过丰富多样的音乐活动,激发学生的学习兴趣和创造力,培养他们的审美情趣和情感表达能力。音乐作为全人类进行沟通的共同语言,具有跨越国界、文化和语言的能力。音乐教育不仅是传授音乐知识和技能,更是培养学生跨文化交流和理解的能力。通过学习不同国家、不同文化的音乐,学生可以更加深入地了解世界各地的文化传统和人文精神,拓宽视野,增长见识。音乐教育也是人类社会生活中不可或缺的组成部分,对于个体的全面发展和社会的和谐进步起着重要作用。音乐教育是学校教育的重要组成部分,为学生提供充足的音乐学习机会和资源,培养他们的音乐素养和文化修养。音乐教育需要以新的高度和新的起点对义务教育音乐课程和管理机制进行变革,这包括更新教学内容和方法、充实师资队伍、加强音乐教学资源建设、完善评价体系等方面。只有这样,才能更好地满足学生的学习需求,提高音乐教育的质量,培养更多具有音乐素养的优秀人才,推动音乐教育事业的不断发展和进步。[①]

[①] 胡建华.关于提高音乐教育专业综合教学观念的几点认识[J].天津音乐学院学报,2001(3):46-49.

由此可见，积极推动义务教育音乐课程和管理机制变革是至关重要的。只有重塑义务教育音乐教学的正确观念，才能满足学生的学习需求，提高音乐教育的质量。只有通过深入思考和实践，才能更好地发挥音乐教育在学生全面发展中的作用，为构建富有活力、多元文化的音乐教育体系贡献力量。

（一）本与源

1. 教育理念的本与源

（1）作为本体地位的学生

传统的教育理念将教师视作主体，以统一标准来测度多元的个体，然而，随着教育观念的不断更新和社会的发展变化，新的理念逐渐兴起。新理念强调以学生为主体，由学生根据自身条件和兴趣自主选择发展路径。在音乐课堂中，这种转变得以体现和实践，既有助于提升学生的学习动力和兴趣，也有利于培养学生的创造力和综合素养。

传统的教育理念认为教师是知识的传授者和权威的代表。在音乐课堂中，教师通常按照固定的课程标准和教学大纲进行教学，学生需要接受教师提供的知识和技能，并按照统一的评价标准进行测度。这种教育模式注重学生对知识的被动吸收，学生被动接受教师的指导和安排，缺乏对学习过程的主动参与和探究。例如教师讲解音乐理论、指导演奏技巧和要求学生照本宣科地演奏曲目，然后根据学生的演奏水平和考试成绩给予评价。[①]这种模式忽略了学生的个体差异和兴趣特点，导致部分学生对音乐学习缺乏积极性和主动性，甚至因为标准化的评价而失去对音乐的兴趣。

新的教育理念强调以学生为主体，倡导教育者通过利用多样化的社会教学资源，为学生提供更丰富的学习体验和更广阔的发展空间。教育者可以利用音乐教育中的多样化资源，如音乐厅、艺术展览、音乐会等，为学生提供丰富的音乐体验和学习机会。通过实地参观和体验，学生可以更直观地感受音乐的魅力，拓宽视野，培养审美情趣。音乐与其他学科的融合教学，也可以帮助学生建立更广阔的知识体系。比如，将音乐与历史、文化、语言

---

① 张浩程.以生为本，跨度有方——指向核心素养的小学音乐跨学科教学实践探索[J].小学教学参考，2024（9）：45-47.

等学科相结合,通过探讨音乐作品背后的历史背景、文化内涵,拓展学生的认知领域,培养他们的跨学科思维能力。教育者应根据学生的个体差异和兴趣特点,设计个性化的学习计划和评价方式,允许学生根据自身条件和兴趣选择学习内容和发展路径。通过充分利用多样化的社会教学资源,教育者可以为学生创造更开放的学习环境,激发他们的学习兴趣和创造力,促进其全面发展。新的教育理念还强调要促进学生根据自身条件和兴趣自主选择发展路径。在音乐教育中,这意味着教育者需要为学生提供更多元化的学习机会和个性化的学习支持,以满足不同学生的学习需求和发展方向。教育者可以为学生设计多元化的学习路径,包括不同的学习内容、教学方法和评价方式。例如,针对不同水平和兴趣的学生,可以设置不同的音乐课程,包括音乐理论、器乐演奏、声乐表演、音乐创作等。

(2) 遵循自然的理想教育原则

理想的教育应该是以学生为主体,教育者以引导和启发的方式,让学生在自然的环境中自发地探索、学习和成长。在音乐课堂中,这意味着教育者不应该通过命令和强制来约束学生,而应该创造一个自由、开放的学习氛围,让学生自愿地参与到音乐学习和创作中去。教育者可以通过提供丰富多彩的音乐素材和资源,激发学生的好奇心和探索欲,让他们自由地探索各种音乐形式和风格,发现自己的音乐兴趣和特长。教育者应该尊重每个学生的个体差异和特点,不应强加统一的学习标准和评价方式。每个学生都有自己独特的音乐体验和表达方式,教育者应该给予他们足够的自由和空间,让他们按照自己的节奏和方式学习与表达音乐。[1]

理想的教育应该是以学生为中心的,教育者应该根据学生的个体差异和需求,灵活地调整教学内容和方法,最大限度地满足学生的学习需求和兴趣点。教育者可以根据学生的音乐水平、兴趣爱好和学习方式,设计个性化的学习计划和课程内容。比如,对于已经具备一定音乐基础的学生,可以提供更深入、专业的音乐知识和技能培训;对于对音乐感兴趣但尚未接受过专业培训的学生,可以设计轻松、愉悦的音乐体验活动,激发他们的兴趣和热

---

[1] 胡建华.关于提高音乐教育专业综合教学观念的几点认识[J].天津音乐学院学报,2001(3):46-49.

情。教育者可以采用多种多样的教学方法和手段,满足不同学生的学习需求。除了传统的课堂讲授和练习外,还可以通过音乐游戏、合作演奏、创意表达等方式,激发学生的学习兴趣和创造力。

理想的教育目标是让学生按照其本性自由地发展,实现个体的全面成长。在音乐课堂中,这意味着教育者应该注重培养学生的音乐情感、审美意识和创造力,而不仅仅是传授音乐知识和技能。教育者可以通过音乐欣赏、情感体验等活动,培养学生对音乐的理解和感受能力,提高其音乐情感的表达和欣赏水平。教育者应该鼓励学生自由地表达和创造音乐作品,激发其音乐创造力和想象力。比如,可以组织学生进行音乐创作比赛、音乐剧表演等活动,让他们充分展示自己的才华和创意。

2. 培养目标的本与源

(1) 学校的教育新定位

良好的教育需要建立在一定的原则基础上,这些原则包括尊重学生、培养学生的综合素养、激发学生的创造力等。然而,教育者不能流于专制,即不能将自己的观念和意志强加给学生,而应该尊重学生的个体差异和自主权。教育者应该理解并尊重每个学生的独特性,不应将所有学生都一概而论,而应根据他们的不同特点和需求进行个性化教学。教育者应该给予学生一定的自主权,让他们参与教学过程中的决策和规划,培养其自我管理和自我决策能力。

良好的教育在一定程度上具有必然性,即它应该遵循一定的规律和程序,以确保学生能够获得必要的知识和技能。然而,教育者也应该唤起学生的自由意志,让他们在学习中体验到自由、快乐和成长。教育者应该设定明确的学习目标和要求,引导学生按照规定的学习步骤和程序进行学习,确保他们能够达到预期的学习效果。教育者应该通过多样化的教学方式和活动,激发学生的创造力和想象力,让他们在学习中体验到自由的表达和创造。

良好的教育应该适应学生的本性与需求,以促进其全面发展和自我实现。教育者应该与学生积极合作,共同探索和实践最适合他们的学习方式和路径。教育者应该了解每个学生的特点和需求,根据其不同的学习风格和兴趣爱好,设计个性化的学习计划和教学内容。

教育者需要平衡教育的对立规律,既要遵循一定的原则和规律,又要尊重学生的个体差异和自主权,唤起他们的自由意志,以实现教育的最终目标。

(2) 学校自我生存的关键

随着社会经济的转型和市场经济的发展,学生的主体地位逐渐上升成为一个必然趋势。在计划经济体制下,教育更多地注重培养学生的基础知识和技能,以适应社会生产的需要。然而,随着市场经济的发展,社会对于个体能力和创造力的需求逐渐增加,学生的主体地位也随之提升,他们需要更多的自主选择权和发展空间。

在新的背景下,学校的教育定位也发生了转变。学校的教育目标之一是培养学生具备符合市场要求的基本素养和能力,使其能够满足未来的职业和社会角色需求。这不仅仅包括专业技能,还有创新能力、沟通能力、团队合作能力等综合素养。学校应该为学生提供丰富多彩的知识资源和学习机会,让他们根据自己的兴趣和需求,自主选择和探索知识的世界。

在新的教育定位下,学校知识的价值观也发生了转变。知识不再是简单传授和获取,而应该是货真价实、丰富多彩的,是能够真正满足学生的学习需求和个性发展的。学校应该注重培养学生扎实的知识基础和创新能力,让他们能够真正理解和运用所学知识,解决实际问题,实现自身的价值。学校应该为学生提供多样化的知识资源和学习机会,让他们在学习过程中体验到知识的乐趣和魅力,激发其学习的动力和兴趣。

(3) 教育的使命:学生自我意识的培养

音乐是一种表达情感、思想和个性的重要方式,而音乐课堂则是培养学生自我意识的理想场所之一。以下的教学方法和策略,可以帮助教育者在音乐课堂中引导学生培养自我意识:一是通过音乐创作、演奏和表演等活动,让学生表达自己的情感和思想,展现个性和特长,从而更加深入地认识自己。二是引导学生在音乐学习过程中进行反思和分享,让他们思考自己的音乐体验和感受,并与他人交流,从中认识自己的情感需求和价值取向。三是根据学生的兴趣和能力,设计个性化的音乐学习任务和项目,让他们自主选择和探索适合自己的音乐风格和方向,从中发现自我。

3. 育才方法的本与源

（1）思维与知识

在音乐课堂中，学生学习的不仅是音乐知识，更重要的是思维方式。音乐是一门需要灵活思维和创造性表达的艺术，因此，教育者应该注重培养学生的思维能力，让他们能够更好地理解、分析和创造音乐。教育者可以通过提出开放性的问题和情境，引导学生进行思维探索和解决问题，让他们在实践中逐步提高解决问题的能力。音乐学科与其他学科有着密切的联系，教育者可以引导学生运用跨学科的思维方式，将其他学科的知识和方法运用到音乐学习中，拓展他们的思维边界。

独立思考是培养学生创造性思维的重要途径。在音乐课堂中，教育者应该给予学生足够的自主权和自由空间，鼓励他们独立思考，提出自己的见解和观点。教育者可以组织开放式的讨论和探究活动，让学生自由发表自己的观点和看法，从而培养其独立思考的能力和勇气。根据学生的兴趣和能力，设计个性化的学习任务和项目，让他们在自主选择和探索的过程中培养独立思考的能力。

创造性思维是音乐学习中的重要素养，教育者应该通过各种方式激发学生的创造性思维，让他们能够在音乐创作和表演中展现个性和创意。教育者可以组织学生进行音乐创作活动，鼓励他们尝试不同的音乐风格和表现形式，培养其创造性思维和表达能力。教育者可以给予学生自由演奏和即兴表达的机会，让他们在音乐表演中充分发挥个人的想象力和创造力。

（2）个性与从众

育才方法的本与源体现在对个性与从众的平衡培养上。从众意味着追随和追求他人与社会的认同，而个性则是将通识教育和个性发展相结合。在音乐课堂中，教育者可以通过创造性的教学方法和活动，既鼓励学生发展个性，又引导他们理解和尊重他人的不同，实现个体发展与社会认同的和谐统一。

从众是人类社会中普遍存在的现象，尤其在青少年群体中更为显著。在音乐课堂中，学生可能会受到同伴或社会的影响，而倾向于追随他人的行为、兴趣或价值观，以获得认同感和归属感。组织学生参与群体音乐活动，如合唱团、乐队或合奏表演等，可以促进学生与他人的合作和交流，增强集体认同感和归属感。

个性的培养是教育的重要目标之一,尤其在音乐课堂中,个性的发展更为重要,因为音乐是表达个人情感和思想的艺术形式。要设计创造性的音乐活动,如音乐创作、即兴表演或自由演奏等,鼓励学生表达个人独特的音乐风格和创意,培养其个性化的音乐表达能力。要针对每个学生的兴趣、特长和个性特点,提供个性化的指导和支持,帮助他们发现和发展自己的音乐才能。

(3) 好奇心与上进心

好奇心是指学生对未知事物的探索和求知欲望,是激发创造力的根本。在音乐课堂中,好奇心可以促使学生主动探索音乐的世界,发现新的音乐风格、技巧或表现形式。教育者可以设计开放性的音乐探索活动,鼓励学生自主发现和探索不同的音乐元素和风格,激发其好奇心和求知欲。

上进心指的是学生追求进步和成就的意愿,通常受到外在奖励或认可的驱动,例如高分、奖学金或荣誉等。在音乐课堂中,学生可能会受到对演奏技巧、音乐理论知识或表演能力的评价和评分驱动,从而努力提高自己的表现水平。组织音乐比赛或等级考试,可以激发学生的上进心,让他们在追求优异成绩的过程中不断提高技艺和水平。

好奇心和上进心是相辅相成的,二者之间存在密切的关系。上进心可以驱使学生不断努力提高自己的技艺和水平,而好奇心则促使他们主动探索和发现新的音乐世界,从而不断拓宽自己的音乐视野和创造空间。良好的上进心可以激发学生追求卓越的动力,而好奇心则可以让他们在追求成绩的过程中保持对音乐的兴趣和热情,从而实现自我成长和全面发展。教育者应该平衡培养学生的上进心和好奇心,既要关注学生成绩的提高,又要注重激发他们的创造力和探索精神,实现个体的全面发展和自我实现。

(二) 专与博

1. 学生的专与博

(1) 培育的核心与原则

培育学生的专业性和综合能力是教育的核心目标。虽然专业性在音乐学习中至关重要,但过早偏科可能限制学生的全面发展。因此,培育的原则是通过多样化的方式,促进学生的综合发展,培养复合型人才。

以下是培育核心的几个重点:音乐学习不仅仅是学习演奏技巧或乐理知识,还包括音乐创作、表演、音乐理解和欣赏等多个方面。因此,培养学生的综合能力是教育的核心目标,他们应该在多个方面都能够有所表现。学生应该接触并体验多种类型的音乐,包括古典音乐、流行音乐、民族音乐等,以拓宽他们的音乐视野和理解。除了学习传统的音乐技能和知识,学生还应该培养创新能力,能够在音乐领域中提出新的观点、创作新的作品,推动音乐的发展和进步。

为实现上述培育核心目标,教育者应该遵循多样化、多途径的培育原则,为学生提供丰富多彩的学习资源和机会,让他们能够在不同的领域中全面发展。教育者应该根据学生的兴趣、特长和潜力,设计个性化的学习计划和课程内容,让每个学生都能够在自己擅长的领域中有所表现。评价不应只关注学生的学术成绩,还应该注重学生的综合能力和个性发展。因此,教育者可以采用多元化的评价方式,包括课堂表现、作品展示、项目报告等,全面了解学生的学习情况和发展水平。除了传统的音乐课程,学校还应该开设一些拓展课程,如艺术、文化、科技等,让学生有机会接触和学习其他领域的知识和技能,促进其多样化发展。

(2)复合型人才

学生的专业技能和广泛知识的培养是重要的教育目标。然而,学校不仅应该将学生培养成专业人才,更要培养他们成为有着良好文明素养的人。因此,育人的核心在于培养学生的价值观、世界观和人生观。在这个过程中,教育者需要权衡思维与道德、通识与文明之间的关系,使其相互促进,从而培养出具有专业技能和良好人格的复合型人才。

音乐课堂不仅是传授音乐知识和技能的场所,更是塑造学生人格和品格的重要平台。以下是育人的核心内容:教育者应该引导学生形成正确的价值观,包括尊重他人、勇于创新、追求真善美等。通过音乐作品的欣赏和解读,让学生从中感受到人类的情感和智慧,从而形成积极向上的人生态度和价值取向。音乐是一种跨越文化和时空的语言,能够帮助学生拓宽视野、增长见识,教育者应该引导学生了解不同文化背景下的音乐形式和艺术风格,培养其开放包容的世界观,增进跨文化交流和理解。

2. 教师的专与博

(1) 专中有博：不过分"专一"

在教学评一体化的音乐课堂中，教师不仅需要具备音乐教育专业知识，还需要具备跨学科、跨专业的教学能力，能够胜任多个领域的教学任务。一位教师要能承担三门以上的课程，需要具备以下能力：一是需要具备跨学科的教学能力，能够在不同学科领域中灵活运用所学知识和技能，设计多样化的教学活动，满足学生的学习需求。二是需要具备跨专业的知识储备，能够熟悉不同学科领域的教学内容和教学方法，为学生提供全面的学习指导和支持。三是需要保持终身学习的意识，不断提升自己的跨学科、跨专业教学能力，与时俱进，适应教育改革和发展的需要。

教师不仅应该对音乐教育专业的核心知识有所了解，还应该对与音乐教育相关的边缘学科有一定的认知和了解，以拓宽自己的知识视野，提高教学的质量和水平。教师要了解音乐科技的最新发展和应用，运用科技手段丰富教学内容和方法，提升教学效果和学生的学习体验；要了解音乐对人类心理和情感的影响，运用心理学知识指导学生的音乐学习和表演，促进其身心健康和全面发展；要了解不同文化背景下的音乐形式和艺术风格，引导学生开阔文化视野，增进对不同文化的理解和尊重。

(2) 专中有博：在博中找"专一"

教师既需要具备广泛的知识视野和跨学科的教学能力，也需要在博学的基础上找到自己的"专一"。

教师的"专"体现在对教学个体的特色和学生学习兴趣的理解与把握上。每位教师都有自己的专长，应该根据自身的特点和学生的需求，找到适合自己的"专一"方向。教师可以通过自身的学习经历、专业背景和教学经验，形成自己的教学特色和风格，为学生提供个性化的教学指导和支持。

在博学的基础上，教师可以通过深入学习和研究，锁定或聚焦一个主攻方向，实现专业化的教学目标。这需要教师有明确的教育理念和职业规划，有针对性地进行专业发展和提升。教师可以通过参加专业培训、学术研讨会、读书笔记等方式，不断深化自己在主攻方向上的专业知识和技能，提升教学水平和学术造诣。教师可以通过参与教学项目、指导学生参加比赛、发表学术论文等方式，积累教学经验和学术成果，提升自己的影响力和知名度。

（3）专与博的相互统一

教师的专业性和博学性应该相互统一，以促进教学的全面发展和学生的综合素养提升。

从课程设置均衡来看，为了实现教师的专与博的相互统一，课程设置需要均衡考虑表演技能、专业技术理论和教育理论及其实践等方面的内容，以满足学生全面发展的需要。音乐教师需要具备扎实的表演技能，能够为学生提供优秀的示范和指导，通过练习和演出，提高自己的表演水平，增强教学的说服力和吸引力。音乐教师需要深入了解音乐的技术理论，包括音乐理论、音乐史、音乐分析等方面的知识，通过系统学习和研究，提升自己的专业素养和教学水平，为学生提供科学的教学指导。音乐教师需要掌握教育理论和教学方法，能够有效地组织教学活动和指导学生学习，通过教学实践和反思，不断改进自己的教学策略和方法，提高教学效果和学生满意度。①

多学科相互渗透是实现教师的专与博的相互统一的重要途径。音乐教育涉及多个学科领域，如音乐学、心理学、教育学等。教师可以将专业学科与相关学科进行交融，探索不同学科之间的联系和互动，为教学提供新思路和新方法。教师可以借鉴心理学理论，了解学生的学习特点和需求，采取有效的教学策略和方法；也可以借鉴教育学理论，研究教学的本质和目的，设计符合学生发展需要的教学内容和活动。

（三）教与导

1. 教师："现身说法"

教师不仅是知识的传授者，更是学生的引路人和榜样。通过教与导的结合，教师可以通过自身的"现身说法"影响学生，激发其学习兴趣，提高学习效果。

教师的"现身说法"首先体现在其教学法的归纳上。教学法的选择和运用直接影响着学生的学习效果和成长。通过归纳和总结自己的教学方法和经验，教师可以更好地指导学生，提高教学的有效性和吸引力。教师可以根据学生的学习特点和需求，灵活运用个性化教学法，满足不同学生的学习需

---

① 邱丽平.核心素养视域下初中音乐跨学科融合教学研究[D].金华:浙江师范大学,2023.

求。例如,对于音乐课堂中的学生,教师可以采用多种教学法,如示范演奏、小组合作、角色扮演等,激发学生的学习兴趣和参与度。教师可以采用启发式教学法,引导学生主动探索和发现知识,培养其独立思考和创新能力。例如,在音乐鉴赏课上,教师可以提出问题,引导学生分析音乐作品的特点和风格,培养其审美能力和批判性思维。教师可以采用体验式教学法,让学生通过亲身体验和实践,深入理解音乐知识和技能。例如,在音乐表演课上,教师可以组织学生参加演出活动,锻炼其表演技能和舞台表现能力,提高其自信心和表达能力。[1]

教师的"现身说法"还体现在知识内容的总结上。通过总结和归纳教学内容,教师可以帮助学生更好地理解和掌握知识,提高学习效果和学习成绩。教师可以总结和归纳教学内容中的重点概念和知识点,帮助学生厘清思路,掌握知识框架。例如,在音乐理论课上,可以总结音乐基本概念和音乐符号的含义,帮助学生理解音乐作品的结构和表现手法。教师可以通过案例总结的方式,将理论知识与实际情况相结合,加深学生对知识的理解和应用。例如,在音乐史课上,教师应该选取历史事件和人物作为案例,探讨其对音乐发展的影响和意义,激发学生对音乐历史的兴趣和理解。

2. 学习:提升学时利用率

教与导的结合是提高学时利用率的关键。通过给予学生丰富、全面、准确的指导,提升课堂教学的吸引力,激发学生的学习主动性,可以最大限度地发挥有限学时的效益。

第一,根据教学目标和学生的学习需求,教师精心设计教学内容,确保每一堂课都能够达到预期的效果。例如,在音乐理论课上,教师可以根据学生的水平和兴趣设置不同难度的练习和作业,巩固学生的知识水平。教师可以通过讲解、示范、练习、演奏等多种方式,引导学生理解和掌握知识,激发其学习兴趣和积极性。充分利用教学资源是教师提升教学效果的最快捷的途径之一,如利用多媒体设备、教学资料和网络资源等。在音乐鉴赏课上,教师可以通过播放音频、视频等多媒体资料,帮助学生欣赏和理解不同类型的音乐作品,提升其审美水平和音乐素养。

---

[1] 张艺凡.跨学科融合在初中音乐教学中的策略研究[D].重庆:西南大学,2021.

第二，教师通过各种方式提升课堂教学的吸引力，激发学生的热情和积极性。生动形象的教学手段如故事、图表、视频等，可以吸引学生的注意力，使课堂内容更加生动有趣。在音乐历史课上，教师可以通过讲述音乐家的生平故事、展示历史照片等方式，让学生更加深入地了解音乐历史的发展。互动式教学环节的设置可引导学生参与课堂讨论和活动，增强学生的参与感和归属感。

第三，教师根据学生的兴趣和需求，设计富有吸引力的教学内容和活动，激发学生的学习兴趣和热情。例如，在音乐创作课上，教师可以鼓励学生发挥自己的想象力和创造力，创作属于自己的音乐作品，增强学生的学习积极性和主动性。教师需要教导学生合理利用时间和资源，掌握有效的学习方法和策略，提高学习效率和效果。例如，在音乐练习课上，教师可以教导学生如何制订学习计划和目标，如何利用练习时间和方法，提高演奏技巧和表现水平。

3. 教材："精、准、薄"

(1) 教材之"精"

教材之"精"指的是教师在备课过程中具有开拓性和前瞻性。备课内容的开拓性和前瞻性意味着教师在备课过程中应该具有创新意识和远见卓识，不仅要熟悉当前的教学内容，还要关注未来的发展趋势和教学需求。教师应该关注音乐领域的最新发展和研究成果，积极探索和开发新的教学内容和方法。例如，可以研究音乐科技在教学中的应用，探索数字音乐制作、虚拟现实音乐体验等新领域。教师可以借鉴其他学科的理论和方法，丰富音乐教学的内容和形式，为音乐教学注入新的思维和元素。

教师应该不断为自己"充电"，更新知识，丰富学识储备，提高教学质量。教师可以参加音乐教育相关的专业培训和进修课程，学习最新的教学理论和方法，提升自己的教学水平和专业素养。教师应该定期阅读音乐教育领域的专业文献和研究成果，了解最新的学术动态和研究进展，为教学提供参考和借鉴。

(2) 教材之"准"

教材之"准"指的是教材的表述要确保学生对音乐理论和概念的正确理解和掌握。教材应该囊括音乐学的基础理论知识，包括音乐的起源、发展历程、基本概念等,为学生建立起完整的音乐知识体系奠定基础。例如,在音乐史课程中,教材应该详细介绍不同历史时期的音乐特点和代表作品,让学生了解音乐发展的脉络和演变过程。教材中的理论和概念应该准确无误,避免出现错误或误导学生的内容。教材在撰写时应严格遵循学术规范,确保所述理论和概念符合学科研究的最新成果和共识。例如,在音乐理论课程中,教材应对音乐结构、和声规律等内容进行准确解释,确保学生对音乐理论的理解和应用是正确的。教材的语言表达应该规范清晰,易于理解,避免使用模糊或晦涩的语言表达方式。教材应该尽量使用通俗易懂的语言,让学生能够轻松理解和掌握所述内容。例如,在音乐教育心理学课程中,教材应避免使用过多的专业术语,尽量用通俗的语言解释心理学原理,让学生易于理解和接受。

为了确保教材的准确性,有必要废除有争议、似是而非、模棱两可的内容,避免给学生带来混淆和误导。教材中如果存在有争议的内容,应该尽量避免或加以注明,以免误导学生。教材作者在编写时应对有争议的理论观点进行客观评述,并引导学生理性思考和独立判断。例如,在音乐美学课程中,如果存在对于美的定义有争议的情况,教材应该介绍不同学派的观点,并鼓励学生形成自己的见解。

(3)教材之"薄"

教材之"薄"指的是教材内容与课时同步,避免过度厚重的内容负担,给予学生更多的参与和发挥空间。

教材内容与课时同步意味着教材所包含的内容应该与实际教学课时相匹配,不过多也不过少,使学生在有限的课堂时间内能够掌握必要的知识和技能,避免内容过度厚重,影响学习效果。教材应该根据课时的安排和教学目标,精简内容、突出重点,使学生能够在有限的时间内掌握关键知识和技能。例如,在音乐史课程中,教材可以选取代表性的音乐作品和事件,介绍其历史背景和影响,突出其在音乐发展中的地位和作用,而不必过多涉及细枝末节。教材内容还应该与教学实践相结合,注重理论与实践的结合,使学生能够通过实际操作和体验来加深对知识的理解和记忆。例如,在音乐理论课程中,教材可以结合乐谱分析和音乐创作实践,让学生通过实际操作来理解和运用所学的理论知识。教材应该具有一定的弹性安排,根据学生的实际情况和学习进度进行调整，以满足不同学生的学习需求和能力水平。

二、多元教育观念

（一）多元教育观念的内涵

1. 多元教育观念与多元文化

多元教育观念与多元文化密切相关。多元文化是指在特定的社会、国家与民族之中多种文化并存的形态，反映不同民族与群体之间的价值规范与思想观念的差异。多元教育观念在 20 世纪后半叶出现，成为当下占据重要地位的教育观念。

在多元教育观念下，文化差异被视为一种丰富多彩的资源，而非障碍或者不利因素。在音乐课堂中，教师应该意识到学生来自不同的文化背景，他们对音乐的理解、欣赏和表达方式也可能有所不同。因此，教师应该尊重并充分考虑学生的文化背景，在教学设计和实施过程中，为所有学生提供平等的学习机会和资源。通过了解和尊重学生的文化差异，教师可以创造一个包容、温暖的音乐教育环境，激发学生的学习兴趣和潜力。多元教育观念强调尊重和理解不同阶层、不同民族的文化。在音乐课堂中，教师可以通过引入不同文化背景的音乐作品和表演形式，帮助学生了解和欣赏来自世界各地的音乐艺术，拓宽他们的视野。同时，教师也应该鼓励学生在音乐表达上展示自己的文化特色和优势，让每个学生都感到自己的文化身份被尊重和重视。多元教育观念强调文化的主体性和互补性，认为不同文化之间并非竞争关系，而是相互补充、相互促进的关系。在音乐课堂中，教师可以通过比较不同文化的音乐特点和表现形式，帮助学生深入理解不同文化背景下的音乐艺术，体会到文化的丰富多样性和互相渗透的特点。

2. 多元教育观念的文化特征

随着社会的不断发展和进步，文化形态在社会环境中日益多样化，涵盖了思想观念、道德信仰、审美习惯等方面。在音乐课堂实践中，多元教育观念体现为对不同文化形态的尊重和理解。教师应该意识到学生来自不同的文化背景，他们对音乐的理解、欣赏和表达方式可能有所不同，因此，教师需要根据学生的文化背景和兴趣特点，设计多样化的音乐教育活动，让每个学生都能够找到自己感兴趣的音乐领域，并且在音乐学习中得到充分发展。在经济转型的背景下，人们对于自我情感和生活方式越来越重视,多元教育观念在音乐课堂实践中要体现为对个体价值观的尊重和关注。教师应该关注每个学生的个性特点和兴趣爱好,鼓励他们在音乐学习中表达自己的情感和态度,培养他们的审美情趣和创造能力。通过音乐的表达和体验,学生可以更好地认识自己,树立正确的人生观和价值观,增强自信心和自我认同感。在信息时代,人们的思想观念和生活方式不断发生变化,这对音乐教育提出了新的要求和挑战,教师应该关注时代潮流和学生的兴趣爱好,及时调整教学内容和方法,使之与学生的实际需求相适应。同时,教师也应该借助信息技术和多媒体手段,丰富音乐教育资源,提供更加灵活多样的学习途径和体验方式,激发学生的学习兴趣,增强他们的学习效果。随着城市化进程的不断推进,不同文化在城市中相互交融,并产生了新的文化形态,教师应该引导学生在音乐学习中体验多元文化的魅力,了解不同文化背景下的音乐特点和表现形式,拓宽他们的视野,增强跨文化交流和理解能力。

3. 多元教育观念的现代价值

传统教育往往忽视学生的多元文化背景,而多元教育观念强调尊重和理解不同文化的重要性。在音乐课堂实践中,教师应该关注学生的多元文化背景,设计多样化的音乐教育活动,让每个学生都能够找到自己感兴趣的音乐领域,并在音乐学习中得到满足感和自信心。这种关注和尊重不仅能够激发学生的学习兴趣,提高学习积极性,还可以促进学生的全面发展,提高教育质量。此外,多元教育观念也有助于推动教育公平在课堂中的实现。在音乐课堂实践中,教师应该关注少数民族学生、农村学生等弱势群体,为他们提供平等的学习机会和资源,确保每个学生都能够享受到优质的音乐教育。同时,教师还应该倡导男女平等教育,确保男女学生在音乐学习中受到平等对待。

(二)多元教育观念的开展意义与策略

1. 世界观培育的意义

音乐作为一种全球性的艺术形式,不仅在不同地域、不同民族之间存在着丰富的差异,而且在不同历史时期、不同文化背景下也呈现出多样的表现方式。多元教育观念的开展推动学生通过音乐来认识世界的多样性。

在音乐课堂实践中,教师可以引导学生了解不同音乐形式、不同乐器及其表现方式、不同乐理知识,从而认识到世界各地音乐文化的独特之处。通过对比不同文化的音乐特点,学生可以拓宽自己的视野,增强跨文化交流和理解能力,培养宽广的世界观。此外,多元教育观念的开展也意味着从中国走向世界,让世界认识具有中国特色的音乐。在教学评一体化的音乐课堂实践中,教师应该注重向学生介绍中国传统音乐文化的精髓和特色,让学生深入了解中国音乐的历史渊源、表现形式和艺术魅力。同时,教师还应该引导学生通过学习中国音乐,了解中国的历史文化、地域风情和民族特色,更好地理解中国,增进对祖国的认同和热爱。在义务教育中培养学生的多元文化观念不仅可以促进中西方音乐的融会贯通,还可以增进世界各国之间的友好交流与合作,推动世界音乐文化的共同发展。

2. 多元教育观念的开展策略

音乐教育领域中,多元教育观念要建立在多元文化音乐教学理论之上。教师需要通过健全多元文化音乐教育教学体制,形成完备的理论知识框架,以促进音乐教育在人类精神和社会生活中的多元和开放。这包括制定和实施多元化的音乐教育课程、引入多元化的音乐教材、培养多元化的音乐教师队伍等措施,从而为学生提供全面、多元的音乐学习环境,培养他们开放包容的世界观。

教师的整体素质提高是实现多元教育观念的重要保障。教师应该熟练运用多种教学手段,包括课堂讲授、音乐欣赏、合作学习等,以满足不同学生的学习需求。教师还应该不断提升自身的专业音乐知识储备,深入了解不同国家和不同民族的音乐文化,从而更好地开展多元文化音乐教育。通过不断学习和自我提升,教师可以更好地引导学生形成他们的世界观,促进他们的全面发展。同时,发展本土音乐是培育学生世界观的重要途径之一,在音乐课堂实践中,教师应该促进中国本土音乐融入世界音乐,使之成为世界音乐文化的重要组成部分。

三、面向伦理的人文观念

(一)爱国主义情感的培养

音乐作为一种文化表达形式,承载着民族文化的精髓和情感。在中国传统音乐中,蕴含着丰富的历史文化内涵和民族精神。因此,音乐课堂应该将中华民族传统音乐作为主要内容之一,通过学习中国古代音乐、民族音乐等,让学生深入了解中华优秀传统文化,增强对祖国的认同感和自豪感。音乐课堂不仅是学习音乐知识和技能的场所,更是影响学生人格塑造的重要环境。精心设计的课堂内容和活动可以潜移默化地影响学生的价值观和情感态度。[1]在音乐教育中,教师可以选取具有深厚爱国主义情感的乐曲,通过音乐的表达方式,引导学生感受祖国的壮美山河、民族的骄傲和自豪,从而培养他们的爱国情感。例如,《黄河大合唱》表达了对祖国大好河山的热爱和对民族精神的赞颂,《义勇军进行曲》展现了中华民族的英雄气概和不屈精神,《我的祖国》抒发了对祖国的深情厚爱。通过学习这些乐曲,学生可以深刻感受到祖国的伟大和民族精神的强大,从而培养起对祖国的热爱和珍惜之情。教师不仅要向学生介绍乐曲的背景和情感内涵,还要借助艺术形象对音乐表达内容进行深化,用真实形象感染学生。

(二)审美水平的提升

音乐作为一种艺术形式,承载着真善美的内涵,是审美教育的重要载体之一。教师应该充分展现音乐作品中的真善美,引导学生感受音乐的美妙和魅力。通过选取具有高艺术价值和审美意义的音乐作品,让学生欣赏音乐的美丽旋律、动人情感和深刻内涵,从而培养其良好的审美情趣和审美情感。

音乐表达是培养学生良好审美观念的重要途径之一。在音乐课堂中,教师可以通过分析音乐作品的表达方式和内涵,帮助学生理解和感受音乐所传达的思想、情感和价值观。例如,通过欣赏具有高度审美价值的音乐作品,教师可以引导学生认识到美的多样性和丰富性,培养他们正确的审美视角,树立积极向上的人生观和价值观。教师在教育过程中应该把握审美要求,按照审美原则选择音乐,确保学生形成独特的审美观念。首先,教师应该根据学生的年龄特点和审美水平,选择适合的音乐作品进行教学。其次,教师还应该结合课程内容和教学目标,有针对性地设计音乐教育活动,激发学生的审美兴趣和创造力。最后,教师还应该注重引导学生主动参与音乐欣赏和评价,培养其独立思考和判断能力。

---

[1] 孙树敏.高校音乐教育对大学生人格塑养的影响作用初探[J].戏剧之家,2014(11):80.

（三）团队意识的促进

要培养学生良好的团队意识，必须充分认识到音乐史上的众多杰出作品都是人与人之间团结协作的产物。无论是交响乐团、合唱团还是室内乐团，都需要各个乐手和歌唱者之间密切合作、互相协调。因此，音乐课堂应该将团队协作精神作为重要内容之一，通过音乐作品的欣赏和演奏，引导学生理解和体会团队协作的重要性和价值。音乐作为一种集体艺术形式，可以帮助学生在集体中发现自我，培养团队意识，完善人格的塑造。在音乐课堂实践中，学生不仅可以通过个人表演展示自己的才华和能力，还可以通过集体合作演奏或合唱，体验团队合作的乐趣和意义。通过与他人互动、协作，学生可以更好地理解自己的角色和责任，在集体中发挥自己的优势，共同完成音乐作品的演奏或表演，从而养成团队协作意识和集体荣誉感。团队合作是完成教学任务的必要条件之一。教师需要组织学生分组合作，共同学习、排练和表演音乐作品。通过团队合作，学生可以相互学习、相互帮助，共同攻克音乐学习中的困难和挑战，达到更高的艺术水平。同时，团队合作还可以促进学生之间的交流与互动，活跃课堂氛围，激发学生学习音乐的热情和兴趣。音乐教育应该使学生主动参与到课堂学习之中，形成良性的教学循环。在音乐课堂实践中，教师可以通过设计富有挑战性和趣味性的音乐教学活动，激发学生的学习兴趣，引导学生积极参与团队合作。通过团队合作，学生不仅可以提高音乐技能，还可以培养团队精神、沟通能力和领导才能。

第二节　学科融合视角下重塑学生能力

一、学科融合的基本原则

（一）主体性原则

1. 主体性原则的内涵

主体性原则首先是承认学习者在学习的过程中的主体地位和作用。这意味着将学生视为学习的主体，强调他们的主动性、自主性和创造性。在音乐课堂中，学生应该被视为音乐学习的主体，而不仅仅是被动接受知识和技能的客体。他们的认知、情感和行为在学习中扮演着至关重要的角色。主体性原则的核心是突出人的主体性,这包括学习者的能动性、自主性、仪式性、选择性、实践性和创造性。在音乐课堂中,学生不仅仅是接受知识和技能的对象,更是积极参与音乐创作、表演和欣赏的主体。他们应该有机会自主选择学习的内容和方式,参与音乐实践的过程,并且能够在实践中发挥创造性,表达自己的想法和情感。主体性原则将学生视为价值主体,强调学生之间的主体性交流和合作。在音乐课堂中,教师应该重视学生的个体差异,充分发挥他们的主体性,为他们提供合适的学习环境和资源。此外,实践被看作主体性原则的重要部分,这意味着学生应该有机会通过实践来探索和理解音乐,而不仅仅是通过听讲和读书。音乐创作、演奏和欣赏都是学生发挥主体性的重要途径,应该得到充分重视和支持。

2. 主体性原则的内容

在初中阶段,学生正处于个性逐渐形成的阶段。他们开始意识到自己的特点和价值观,并开始探索和表达自己的个性。这个时期的学生需要得到充分尊重和关注,以便能够健康成长并发挥自己的潜力。教师在跨学科的教学过程中应该致力于为学生创造一个多元开放的学习环境。这意味着教师需要尊重学生的个性和需求,了解他们的学习风格和兴趣,并帮助他们发掘内在潜力。教师应该引导学生积极探索问题,鼓励他们独立思考和表达观点。在音乐课堂上,教师可以设计开放性的问题和任务,例如通过展示同一影视主题的不同旋律,让学生任意选择一条路径来理解内容。这种方法可以激发学生的兴趣和好奇心,促使他们在音乐创作和欣赏中发挥主体性。

3. 主体性原则的意义

(1) 理论意义

第一,主体的能动性和创造性使跨学科教学成为可能。学生作为学习的主体,具有探索、思考和创造的能力,可以在跨学科教学中自主地构建知识框架,发挥创造性。第二,主体的意识性和实践性是跨学科教学的基础。主体性原则可以引导学生通过实践来理解和应用知识,从而更好地实现跨学科融合。第三,主体的自主性是跨学科学习的必要条件。学生的自主性是跨学科学习的核心,只有在主体性原则的指导下,学生才能在跨学科学习中发挥主动性,实现自主探究和自主学习。第四,通过主体性,学生之间可以相互启发、交流和合作,形成共同的学习体验和价值观,从而促进跨学科教学的有效实施。①

(2) 现实意义

主体性原则能够激发学生的学习兴趣和创造力,使他们在跨学科学习中能够自主地探索和创新,提高学习的积极性和效果。另外,通过主体性原则,教师能够更好地尊重和理解学生的个性和需求,创立民主、平等、和谐的教学氛围,促进师生之间的良好互动和合作。主体性原则强调学生的自主性和个性发展,在跨学科教学中能够更好地促进学生的全面发展,培养他们的综合能力和创新精神,为其未来的发展奠定良好的基础。

在课堂上,教师可以选择一个历史事件,如第二次世界大战,然后通过音乐作品来反映当时的社会氛围和人们的情感体验。学生可以通过学习和欣赏相关的音乐作品,了解历史背景、文化传统和社会变迁,从而深入理解历史事件的意义和影响。在这个跨学科教学过程中,学生通过主体性原则的引导,能够自主地探索和理解知识,发挥创造性,实现音乐与历史的有机融合。

(二) 学科综合原则

1. 内容综合

内容综合强调的是在教育过程中将多方面的内容有机地组合起来,形成合理的结构。在音乐课堂中,可以将音乐与语言、历史、文化、美术等多个学科的内容相结合,形成统一的教学框架。例如音乐和历史之间的跨学科融合,通过学习一首具有历史背景的音乐作品,教师可以引导学生分析歌词的语言特点、了解其所反映的历史事件,并通过绘画或舞蹈等形式进行艺术表现,使学生在跨学科的教学中得到多方面内容的学习。②

内容综合的另一个重点是学生在跨学科的教学中能够得到多方面的发展。通过综合教学,学生不仅能够学习音乐本身的知识和技能,还能够拓展其他学科的知识面,培养综合能力和创新思维。例如,在学习一首音乐作品的过程中,学生不仅能够理解音乐的节奏、旋律与和声,还能够分析歌词的

---

① 张艺凡.跨学科融合在初中音乐教学中的策略研究[D].重庆:西南大学,2021.
② 卢光超.跨学科学习视域下的高中文言文教学策略研究[D].重庆:西南大学,2023.

意义、了解其所反映的历史和文化背景,从而实现多方面内容的学习和发展。教师可以选择一首涉及声音原理的音乐作品,如音乐中的乐器演奏或声音效果,然后通过实验和探究来帮助学生深入了解声音的传播原理和声学知识。学生在学习音乐的同时,能够学习到科学的知识,拓展对声音的理解和认识。通过这样的跨学科教学,学生能够在多方面内容的学习中实现全面发展。

2. 形式综合

形式综合强调将学习活动的组织形式与指导方式结合起来,以达到教学目标。在音乐课堂中,教师可以采用多种形式组织学习活动,如小组讨论、听力训练、表演展示等,并根据学生的实际情况和教学内容选择相应的指导方式,如示范演示、引导提问、小组合作等,以促进学生的全面发展。[1]

不同形式对应不同功能和适用范围。形式综合要求根据教学目标和学生的需要,灵活地运用不同形式的学习活动。不同形式的教学活动具有不同的功能和适用范围,教师需要根据具体情况进行选择和组合。例如,音乐欣赏和分析,可以采用听力训练和小组讨论的形式;音乐创作和表演,可以采用示范演示和小组合作的形式。

形式综合要求在跨学科的教学活动中,不同组成部分的内容能够通过形式发挥出最大的作用。教师需要设计合适的形式,使学生能够充分理解和应用各个学科的知识和技能。例如,在跨学科的音乐和文学教学中,教师可以通过朗诵、歌唱、舞蹈等形式,让学生全面地体验和表达文学作品中的情感和意义,从而达到跨学科学习的目的。教师可以设计一个关于音乐节奏的学习活动,引导学生通过数学的计算和分析来理解节奏的规律和特点。通过这样的跨学科教学,学生既能够学习到音乐的知识和技能,又能够理解和应用数学的概念和方法,实现形式的综合和教学目标的达成。

(三)环境适宜原则

1. 教学环境

环境适宜原则强调教学环境的尺寸和布局应该与教学活动的性质和要求相适应。在音乐课堂中,教室的尺寸和布局应该能够容纳学生进行音乐

---

[1] 尹笠琦.新课标背景下的小学音乐跨学科教学研究[N].科学导报,2024-03-19(B2).

创作、表演和欣赏等活动,同时保持舒适和安全。教室中应该配备适当的乐器、音响设备和座位,以便学生能够自由地进行音乐实践和交流。

教学环境应该根据学生的学习特点和经验进行科学设计。在音乐课堂中,教师可以根据学生的年龄、兴趣和能力水平,调整教室的氛围和布置,营造出适合学生学习音乐的环境。对于初学者,可以提供简单明了的乐器和教具,降低学习门槛;对于高年级学生,可以提供更加复杂的乐器和音乐材料,激发其探究和创新的兴趣。教学环境的营造应旨在使学生在合适的环境中发挥音乐才能。通过良好的环境营造,学生可以在积极向上的氛围中探索、实践和表达自己的音乐天赋。在合适的环境中,教师仍然需要保持对教学过程的控制,不能任由学生在自由的环境中盲目发展。教师应该及时指出学生的错误并给予指导和纠正,确保学生在良好的环境中有效地学习和成长。

教师可以设计一个音乐创作的活动,让学生通过音乐创作来表达自己的情感和心理状态。教室的环境应该能够营造出安静、舒适的氛围,以促进学生思维的集中和创作灵感的生成。同时,教师需要保持对学生的指导和控制,在学生自由发挥的同时及时指出其不足之处,并给予有效的指导和帮助。通过这样的跨学科教学活动,学生不仅能够学习到音乐和心理学的知识,还能够发挥自己的音乐才能,并探索自己的内心世界。

2. 环境的共性与特殊性

环境设置必须兼顾学生的共性和特殊性。一方面,学生在音乐课堂中需要一个舒适、安全、具有启发性的学习环境,能够促进他们的学习兴趣和音乐才能的发展。另一方面,不同学生可能有不同的学习风格、能力水平和需求,因此,教学环境的设置需要考虑到学生的个体差异,满足不同学生的特殊需求。对于听觉障碍学生的音乐教学,需要提供特殊的辅助设备和资源。

不同学段的学生具有不同的能力、认知水平、心理特点。不论是小学、初中还是高中的学生,在音乐课堂中都需要一个富有创造性和启发性的学习环境,以此来激发他们的学习兴趣。不同学段的学生因为年龄、认知水平和兴趣等方面的差异,对教学环境的需求也有所不同。比如,小学生可能更喜欢活泼、丰富多彩的教学环境,而高中生则更需要一个注重深度思考和独立创作的学习环境。

3. 环境的适宜与适应

在考虑适宜性之前还需要关注学生对于环境的适应情况，部分学生不适应新的学习环境，会导致出现不安与恐惧的情绪。

为了使学生尽早适应学习环境，教师可以通过教育引导，并调动外部资源，如与家长、同学或心理辅导师合作，共同帮助学生适应新的学习环境，解决心理与精神问题。通过设计适当的学习任务和实践活动，引导学生逐步完成，可增强其对学习的信心和兴趣，从而更好地适应新的学习环境。

在学生习惯了环境之后，需要根据其变化持续对环境做出微小的调整。一旦学生适应了新的学习环境，就需要考虑将适应的环境转化为更加适宜的环境，以提高学生的学习效果。例如，教师可以设计一个关于声音传播的实验活动，让学生通过实践探究声音在不同媒质中的传播规律。刚开始时，学生可能会感到不适应新的学习方式和环境，但通过教师的引导和适当的实验设计，他们会逐渐适应实验环境。随着学生对实验的熟悉和掌握，教师可以根据学生的反馈和表现，适时调整实验环境和任务设计，使学生更好地适应学习环境，从而提高学习效果。

二、学科融合的价值

（一）锻炼统筹思维与解决问题能力

1. 设置个性化学习环境

将音乐与其他学科相结合，组成多元化的音乐活动，可以激发学生的兴趣，拓宽他们的学习视野。例如，教师可以将音乐、文学和美术相结合，组成演唱、道具与演奏三个部分，并通过小组合作的方式将音乐剧本呈现出来。在这个过程中，学生不仅可以学习音乐的演奏技巧，还可以通过文学作品的解读和美术作品的创作，深入了解音乐背后的文化内涵和艺术价值。这样的综合性学习活动不仅可以锻炼学生的统筹思维能力，还可以培养其跨学科的综合素养。

在个性化学习环境中，教师需要关注学生的情感需求，激发其学习的内在动机和积极的学习态度。音乐作为一种艺术形式，具有强烈的情感表达功能。教师可以通过选取具有情感共鸣的音乐作品，引导学生深入体验音乐的情感魅力，激发其学习的热情和动力。同时，教师还应该通过鼓励学生自主表达、尊重学生的个性差异,创设积极、和谐的学习氛围,营造良好的情感氛围,使学生在个性化学习环境中得到充分的情感满足,从而更加积极地投入学习中。①

2. 学习总结学科共同点

教师需要引导学生将不同学科的理论与实践经验结合起来,要求他们将所学技能与知识应用到自身的学习中。例如,在音乐课堂上,教师可以组织学生进行古诗与歌曲的比较研究,让他们分析和探讨古诗和歌曲之间的韵律、节奏、意境等方面的共同点和不同点。通过这样的学习活动,学生不仅可以加深对音乐和文学的理解,还可以培养自身的批判性思维和解决问题的能力。通过引导学生深入思考和分析不同学科之间的共同点和不同点,通过比较不同学科的特点和内容,学生可以更好地理解各学科之间的联系和差异,从而提升统筹思维和解决问题的能力。

3. 框架与知识点的关系

跨学科教学的核心目标之一就是将不同学科的零散知识点联系起来,形成框架式的学习。在音乐课堂中,教师可以通过引入其他学科的相关内容,如历史、文学、美术等,让学生从多个角度去理解和探索音乐的内涵和价值。通过跨学科的学习,学生可以更好地理解知识点之间的关联性,形成更加完整和深入的学习框架,从而提升统筹思维能力。

在音乐课堂实践中结合体育学科,可以使音乐学习的过程更加生动有趣。例如,教师可以组织学生进行音乐节奏操或舞蹈活动,通过身体的运动来感受音乐的节奏和韵律。在这个过程中,学生不仅可以锻炼身体,还可以理解音乐和体育之间的联系,做到在不同学科之间的融会贯通。

(二) 培养创新思维与审美评价能力

1. 跨文化交流能力

以多元文化为主题开展跨学科课程,可以帮助学生深入了解不同国家和地区的文化背景,培养跨文化交流能力。音乐、历史、地理等学科可以有机地结合起来,通过多种教学手段和资源,让学生全面地了解不同文化的特

---

① 张秀凤.国测导向下县域小学音乐教学评一致性的实践研究[J].教育信息化论坛,2017(2):50-51.

点和发展历程。例如,在学习特定音乐风格时,可以结合历史课程介绍该音乐风格的起源和发展,以及结合地理课程探讨该地区的地理环境对音乐发展的影响。

学生不仅要学习不同国家的音乐风格、乐器和舞蹈,还要深入了解这些音乐形式背后的文化与历史因素。通过分析和探讨不同音乐形式的特点和演变过程,学生可以更好地理解不同文化的独特魅力和发展轨迹。例如,学生可以学习非洲部落的鼓乐、巴西桑巴舞以及中国古典音乐的古琴演奏等,从中了解不同文化对音乐的理解和表达方式。培养跨文化交流能力的关键之一是学会尊重不同的文化与习俗。在教学过程中,教师应该引导学生积极参与跨文化学习,同时注重培养学生的文化包容性和尊重他人的意识。学生应该学会欣赏不同文化的优点,尊重其习俗和价值观,避免产生偏见和歧视。通过在跨文化交流中学会尊重他人,学生可以更好地与不同文化背景的人进行沟通和合作。

2. 在团队合作中善用创新思维

参与跨学科项目实践,学生可以融合不同学科的知识和技能,从而培养创新思维。例如,在音乐课堂中,可以组织学生参与跨学科的音乐创作项目,让他们在实际操作中体验到音乐创作的过程和乐趣。在这个过程中,学生通过运用音乐、文学、美术等多方面的知识,通过团队合作共同完成音乐作品的创作,可以提升自己的创新思维能力和解决问题的能力。教师组织学生以小组形式共同创作具有多元文化特色的音乐作品也是促进学生创新思维的好方法。每个小组可以选择不同国家或地区的音乐风格作为创作主题,通过研究和探讨该地区的文化背景、音乐特点等,共同创作一首具有代表性的音乐作品。在这个过程中,学生需要发挥想象力,吸收不同文化的元素,运用创新思维解决创作过程中的问题,从而提升自己的创新思维能力和审美评价能力。[1]

3. 审美评价能力和文学素养

培养创新思维与审美评价能力不仅涉及对音乐本身的理解,还需要结

---

[1] 罗新仪,许冰.核心素养视域下教学评一体化大单元音乐教学探究[J].中国音乐教育,2023(3):53-60.

合文学素养来加深学生对音乐的理解和欣赏。

音乐与文学的结合可以帮助学生更深入地理解音乐作品的内涵和情感表达。在音乐课堂上，教师可以引导学生分析歌词和音乐之间的关系，探讨音乐作品背后的故事、情感和意义。教师可以引导学生分析歌词中的词语选择及排比、比喻等修辞手法，探讨这些手法对音乐表达的影响和意义。通过这样的分析，学生可以更深入地理解音乐作品的主题和情感表达，从而培养其审美评价能力和文学素养。

音乐创作是培养学生审美评价能力和文学素养的重要途径之一。在音乐课堂上，教师可以组织学生参与音乐创作活动，让他们通过实际操作来理解音乐创作的过程和技巧。在创作过程中，学生需要考虑音乐的主题、情感表达以及文学元素的运用，从而培养其创新思维和审美评价能力。

（三）构建外部环境以提升能力

1. 启发性学习环境的构建

构建启发性学习环境是促进学生综合素质发展和个性化学习的重要手段。设置学习角是构建启发性学习环境的途径之一，可以为学生提供一个自主探索、创造性思考的空间，激发学生的学习兴趣和动力。

在学习角设置与音乐课程内容相关的书籍、杂志和在线资源是构建启发性学习环境的重要举措之一。这些资源可以为学生提供丰富的学习资料和信息，拓宽学生的音乐视野。教师可以精心挑选一些与音乐课程内容相关的经典音乐书籍、专业杂志和优质的在线资源，放置在学习角供学生参考和阅读。这些资源不仅可以帮助学生巩固课堂上学到的知识，还可以激发学生的学习兴趣，培养学生的独立学习能力和自主思考能力。

另一种构建启发性学习环境的方法是组建相关的兴趣小组或社团。组建兴趣小组或社团，可以让学生在共同的兴趣领域进行交流和合作，促进学生之间相互学习和共同成长。

为进一步构建启发性学习环境，可以设立固定时间，让学生分享他们学到的知识和经验。这种分享活动可以在学习角内进行，让学生有机会展示自己的学习成果和独特见解。教师可以鼓励学生利用固定时间，分享他们在音乐课堂学到的知识、技能和体会，或者分享他们在自主学习过程中发现的优质资源和学习方法。这种分享活动，不仅可以激发学生的学习兴趣,还可以促进学生之间的相互交流和学习,为学生构建积极向上的学习氛围。

2. 使教室成为与世界互动的通道

创造一个与世界互动的音乐课堂通道对于激发学生的学习兴趣和提高他们的学习效果至关重要。通过引入乐器模拟软件、手势远程操控讲台设备以及无线网络中的虚拟音乐课堂等方式,可以让教室成为学生与世界互动的场所,丰富学生的音乐学习体验。

乐器模拟软件可为学生提供一个在教室内学习和演奏各种乐器的便捷方式。通过这些软件,学生可以模拟西洋乐器和中国传统乐器的演奏,如钢琴、吉他、二胡、琵琶等,而且很多软件还提供了简单的音乐创作功能和音乐基础知识科普小游戏,使学习过程更加有趣和生动。教师可以在课堂上引导学生使用这些乐器模拟软件进行练习和探索,帮助他们更好地理解音乐理论和技巧。

通过手势远程操控讲台上的设备,教师在课堂上能够更加灵活地操作各种教学工具,扩大教学活动范围,使其对学生的关注度更加集中。例如,教师可以利用手势远程操控讲台设备,随时切换音乐播放内容、调整投影仪显示内容等,从而更加方便地展示音乐作品和教学资源,提升课堂教学效果。同时,学生也可以通过手势远程操控讲台上的设备,与教师进行互动和合作。例如,学生可以利用手势远程操控讲台设备进行音乐演示、分享自己的音乐作品等。

无线网络中的虚拟音乐课堂可以将学生从传统的教室环境中解放出来,实现学生与不同场所的同学实时交流和互动。通过虚拟音乐课堂,学生可以在自然环境中感受艺术魅力,完成音乐学习任务。

第三节 跨学科视角下的学生动力提升

一、提升音乐教学效果

(一)跨学科主题的有机融合

1. 主题融合策略

主题可以涵盖多个学科领域,例如社会学、历史学、地理学、数学等。通过将这些学科与音乐融合，学生可以在音乐学习的同时了解到更广泛的知识领域，拓展他们的认知边界和跨学科理解能力。

在教学过程中选择具有鲜明地域特色的音乐曲目，如《江南小调》《新疆民歌》等，可以激发学生对不同地域文化的兴趣，并促使他们从音乐中感受到地域文化的魅力。同时，通过计算节拍的方式将数学融入教学活动，可以帮助学生理解音乐的结构和节奏韵律，增强他们的数学素养和节奏感。在教授具体曲目之前，若能引导学生事先查阅相关地域和民族的历史背景，通过地理环境和民俗文化资料的结合来理解音乐曲目的内容，可以激发学生对音乐背后文化和历史的兴趣，促使他们在音乐学习中不仅仅是感知和表达，更能够理解音乐与社会、地域、历史等方面的联系。

2. 主题融合方法

教学评一体化的成功离不开跨学科的教师合作。音乐教师可以与其他学科的教师进行合作，共同策划和设计跨学科的教学内容。例如，语文老师可以帮助学生了解音乐背后的诗歌或歌词，历史老师可以提供相关历史背景，美术老师可以帮助学生理解音乐与视觉艺术的联系等。通过这种合作，不仅可以提升教学内容的丰富性和深度，也能够保证教学的专业性。

在不同的实践活动主题中，可以融合学科课内的重要知识点。例如，在学习音乐节奏的过程中，可以结合数学中的节拍和计算，让学生更深入地理解音乐的节奏结构。又比如，在学习具有地域特色的音乐曲目时，可以通过地理、历史课程来了解相关地域的文化背景，使学生在音乐学习中获得跨学科的知识和体验。

3. 主题融合特征

（1）实践性

将主题课程与相应的社会实践相结合，可以加强知行合一，激发学生的学习动力。例如，以社会问题或文化现象作为主题，让学生通过音乐创作、表演或社区服务等形式，去探索和解决问题，将所学知识应用于实际生活中。通过实践性的学习活动，学生不仅能够加深对音乐的理解和欣赏，还能够培养解决问题的能力和社会责任感。

（2）开放性

学科的主题视域应该是开放的，学习过程与结果也应该是开放的。在教学过程中,可以引导学生从多个角度去思考和探索主题,开放他们的思维和想象力。同时,教学评一体化的音乐课堂也应该注重学习结果的开放性,即允许学生通过多种方式呈现他们的学习成果,如音乐作品、论文、展示等,让学生有更多展示自己的机会,激发他们的学习动力。

(3)灵活性

教师应根据学校具体规划的主题,灵活地设计教学内容和教学实施方案,同时给予学生足够的自主选择和自主学习空间。例如,在确定主题后,教师可以提供多种学习路径和资源,让学生根据自己的兴趣和能力选择适合自己的学习方式和学习任务,从而提高学生的学习自主性和参与度。

(二)教学情境的建设

1. 情境内涵

在教学情境的建设中,可以将音乐学习与自然生活相结合,让学生在自然环境中感受音乐的美妙。例如,可以组织户外音乐欣赏活动,让学生在自然风景中聆听音乐,体验自然与音乐的和谐之美。同时,教师可以通过自然元素来启发学生的音乐学习,比如利用大自然中的声音作为音乐创作的灵感,或者通过自然节奏来教授音乐节拍和韵律。通过将音乐与自然生活结合,可以增强学生对音乐的感知和理解,培养他们对自然环境的关注和保护意识。

2. 情境建设的方法

情境建设的方法有很多,首先是利用信息技术手段,如播放自然风光的视频,展示不同季节、地理、民族和习俗的图片,以及利用虚拟现实技术,为学生创造出丰富的学习情境。通过观看自然风光的视频或图片,学生可以感受到自然环境对音乐创作的影响,加深对音乐与自然的联系的理解。同时,通过展示不同地域和民族的音乐表演和习俗,可以帮助学生了解不同文化背景下的音乐特色和社会文化风貌,拓宽他们的视野。还可以将不同学科的知识融合到音乐学习中。例如,结合科学知识讲解生物与环境的变化规律,让学生了解生物季节性变化对音乐创作的影响;结合历史知识介绍传统习俗和民间音乐的发展历程,让学生了解音乐与历史文化的密切联系。这样的融合能够帮助学生全面理解音乐的背景和内涵,提升他们的综合素养。教师要重视学生的具体实践,让他们通过演唱、表演等活动来巩固知识。教师可以引导学生参与音乐表演或创作活动,让他们亲身体验音乐的魅力,并在实践中加深对音乐知识的理解。

3. 跨学科备课

音乐教师可以与其他学科的教师进行深度合作和备课,共同设计包含音乐元素的教学方案。例如,与历史老师合作,在音乐课堂上讲解不同历史时期的音乐风格和社会背景;与地理老师合作,通过音乐欣赏活动来了解不同地域的音乐文化等。这种合作可以为学生呈现出更丰富和立体的学习内容,增强他们的跨学科理解能力。

跨学科备课的最终目的是实现教学资源的共享,创建立体化、多元化的教学环节。不同学科的教师合作备课,可以为学生提供更加全面和丰富的学习体验,激发他们的学习兴趣和创造力,促进他们的综合发展。

二、多元的评价体系

(一)针对学生的跨学科多元评价体系

1. 评价理论概述

(1)多元智能理论

在音乐课堂中,学生的智能表现不仅仅局限于音乐智能,还包括语言智能、人际交往智能、空间视觉智能等。通过多元智能理论,教师可以更全面地评价学生的表现,了解他们在不同领域的优势和需求,并有针对性地设计教学活动来促进其全面发展。[1]

(2)建构主义理论

根据建构主义理论,学习是一个积极主动的过程,学生通过主动建构意义来接受知识。在音乐课堂中,教师可以通过提供开放性的学习环境和任务,让学生参与到音乐创作、表演和欣赏中去,从而促进其音乐智能的发展。同时,学习是社会活动,学生在与他人建立密切联系的过程中也会获得知识和技能。因此,教师可以组织合作学习小组,让学生在交流互动中共同探索音乐世界。

---

[1] 施萍.智能技术赋能小学音乐教育"教—学—评"一体化的思考——以歌曲教学《西风的话》为例[J].安徽教育科研,2023(22):90-92.

(3) 教育教学评价理论

在教育教学评价中,应遵循发展性原则,即根据学生的发展水平和特点进行评价,帮助他们不断进步。教师应鼓励学生参与到评价过程中,让他们能够自我监控和调整学习策略。评价应该是全面的,包括知识、技能、情感和态度等方面的综合评价。此外,学校评价和校外评价应该相结合,既要关注学生在学校学习的表现,也要考虑他们在社会实践中的能力和素养。[①]

通过不同的评价理论的运用,教师可以更准确地了解学生的学习状况,更有效地促进其全面发展。同时,学生也能够在跨学科多元评价体系中得到全面的认可和支持,激发学习的动力和潜能。

2. 评价要素比较

(1) 技术能力与理论能力

技术能力是评价学生是否能够灵活地使用各种技术工具,如音乐制作软件、录音设备等;能否在学习过程中创造性地应用技术进行音乐创作、演奏和录音等活动。理论能力是评价学生对音乐理论的理解和运用能力,包括对音乐元素、曲式、和声等方面的认知程度,以及能否将理论知识应用到实际音乐活动中去。

(2) 交流沟通能力与书面表达能力

交流沟通能力是评价学生在音乐表演、讨论和演示中的口头表达能力,包括清晰度、流畅度和表达力等方面。书面表达能力是评价学生在音乐作品分析、论文写作等方面的水平,包括文字组织、逻辑性和文笔等。

(3) 人际交往能力与团队协作能力

人际交往能力是评价学生与他人交往的能力,包括情绪管理、倾听能力和与他人建立良好关系的能力等。团队协作能力是评价学生在小组音乐演奏、合唱或合作创作音乐等活动中的合作能力,包括分工合作、相互协调和解决冲突的能力等。

(4) 社会责任心与社会贡献经验

社会责任心是评价学生是否具有对社会的责任感和意识,包括参与社

---

① 赵岩,孔志杰,黄贤明.初中"后建构"课堂教学评价的设计与探索[J].理科考试研究,2024,31(6):2-5.

区音乐活动、义工服务等方面的经验和表现。社会贡献经验是评价学生在音乐表演、义演、公益活动等社会参与中的经验和贡献,以及对他人和社会的影响力。

通过对以上评价要素的综合评估,教师可以全面了解学生在跨学科多元评价体系中的表现,为他们的个性化学习和发展提供指导和支持。同时,学生也能够通过这些评价要素的反馈,不断完善自身能力,实现全面发展。

3. 评价体系构建

(1) 构建理念

评价体系应该以学生的需求和发展为核心,以学生为本,关注每个学生的个性特点和成长进程,为其提供个性化的评价和支持。评价体系应该注重学生核心素质的全面发展,包括知识、技能、情感、态度等方面的培养和评价。评价体系不仅仅关注评价结果,更重要的是关注评价过程,通过反馈和指导帮助学生改进学习方法和提升能力。

(2) 基本规范

第一,激励性原则。评价体系应该激发学生的学习动力和积极性,让他们感受到自己的进步和成就,建立自信心和学习动力。第二,多样性原则。评价体系应该充分考虑学生的多样性,包括个体差异、文化背景、学习风格等因素,为不同类型的学生提供合适的评价方式和支持措施。第三,动态性原则。评价体系应该具有动态性和灵活性,能够随着学生的成长和发展不断调整和完善,及时反馈学生的进展和需求。第四,真实性原则。评价体系应该真实客观地反映学生的学习状况和能力水平,避免主观偏见和刻板印象,确保评价结果的准确性和公正性。

通过对基本规范的贯彻实施,评价体系可以更好地促进学生的全面发展和个性化成长,为其提供有效的学习支持和指导。同时,教师也可以借助这些原则和规范,更好地指导教学实践,提升评价效果和教学质量。

(二) 针对教师的跨学科多元评价体系

1. 价值取向

教师跨学科教学素质的提升可以产生滚雪球式的学术价值。通过不断提升自身的跨学科教学能力,教师能够更好地应对多样化的学生需求,设计更具吸引力和有效性的教学活动。这种持续的学术成长和进步不仅可以提高教师的教学水平,也会激发其他教师的学习热情,形成良性循环,推动整个教育体系的发展。

对教师跨学科素养与跨学科教学的研究具有重要价值。随着社会的发展和变化,跨学科教育已经成为教育改革和发展的重要趋势。教师的跨学科教学能力对于国家和社会的人才培养具有重要意义。对教师跨学科素养的深入研究和评价,可以为教育政策的制定和实施提供有力支持,推动教育体系向着更加开放、包容和创新的方向发展。

教师个体明晰自身发展方向和现实情况,能够实现教师个人职业生涯的持续发展。跨学科多元评价体系为教师提供了全面的评价标准和反馈机制,帮助教师清晰了解自身的教学优势和不足,指导其在教学实践中不断完善和提高。通过不断反思和学习,教师可以实现个人职业生涯的持续发展,不断提升自我,为学生提供更好的教育服务。

2. 基本原则

(1) 科学性原则

科学性原则是评价体系设计的基础,它涉及评价指标与评价目标的一致性、指标体系中各指标的相容性以及各指标的相互独立性等方面。

首先,评价体系需要明确评价目标,以确保评价的针对性和有效性。其次,评价指标应与评价目标相对应,反映学生在音乐学习过程中所需要达到的各方面能力和素质。例如,评价指标可以包括音乐技能、音乐理论知识、表演能力、创作能力等,这些指标应该能够全面地反映学生的学习情况。

在评价体系中,各个评价指标应该相互关联,形成一个相互支持的体系。例如,音乐技能与表演能力之间存在密切关联,音乐理论知识与创作能力也有内在联系。这样的设计能够使评价更加全面和准确。整合各指标形成一个完整的评价体系,能够帮助教师全面地了解学生的学习情况,从而更好地指导教学。例如,在评价一个学生的音乐能力时,不仅要考虑其技能水平,还要考虑其音乐理论知识掌握情况、表演能力以及创作潜力等因素。

在评价体系设计中,各指标之间应当具有相互独立性,避免指标之间的冗余和重复,这样可以确保评价结果的准确性和客观性,避免因指标重复而出现评价结果的偏差。每个评价指标都应该能够独立地反映学生的某一方面能力或素质,而不受其他指标的影响。这样可以使评价更加准确地反映学生在该方面的实际水平。

（2）完备性原则

在构建教学评一体化的音乐课堂评价体系时，完备性原则至关重要。它要求评价体系充分考虑教师跨学科教学的整体结构特征，体现整体的评价框架和逻辑，突出具有代表性的指标以避免误差，同时分层次地组织和构建评价指标。

在音乐课堂中，评价体系应该综合考虑音乐课堂的教学特点，包括音乐学科的知识体系、教学目标、教学内容和教学方法等，这样可以更好地把握评价对象的整体结构特征，确保评价的全面性和准确性。同时，评价体系也需要充分考虑学生的个体差异，包括学习能力、兴趣爱好、认知水平等方面的特点和需求，这样可以更好地满足不同学生的学习需求，促进其个性化发展和全面成长。

评价指标应当体现整体的评价框架和逻辑，包括评价的层次、结构和关系等，这样可以确保评价体系的完备性和一致性，使评价结果更具说服力和可信度。在构建评价指标时，要综合考虑不同方面的因素，如学生的知识水平、技能掌握情况、情感态度和价值观等，这样可以使评价更全面地反映学生的学习情况和发展状况。

在评价指标中，应重点突出具有代表性和重要性的指标，避免评价结果的偏差和失真。例如，在评价音乐课堂教学效果时，可以重点考虑学生的音乐表现能力、创造力和音乐素养等方面。同时，要避免指标的片面性和过于主观的评价标准，尽量采用客观、科学的评价方法，确保评价结果的客观性和准确性。

（3）可行性原则

可行性原则是构建评价体系的重要考量，它涉及评价指标的范围指向性、对象可测性以及现实可行性等方面。在教学评一体化的音乐课堂中，应用可行性原则有助于确保评价体系的有效性和实用性。

首先，评价指标应具有明确的范围和方向性，确保评价对象清晰可见。在音乐课堂中，评价指标可以包括音乐技能、音乐理论知识、表演能力、创作能力等方面，这些指标需要与音乐学科的教学目标和学生的学习需求相匹配，这样才有助于教师准确把握评价对象的特点和发展方向。评价指标应当与教学实践相结合,能够直接反映学生在音乐学习过程中的表现和成长,这样可以确保评价体系具有针对性和实用性,有助于指导教学实践和促进学生的全面发展。

评价指标应具有可测性和可操作性,能够有效地衡量评价对象的特征和表现。在音乐课堂中,可以通过考试、作业、项目表现等方式来评价学生的音乐能力和水平。这些测量标准需要明确、具体,能够客观地反映学生的学习情况。评价指标的可测性还需要体现在评价结果的量化方面,教师可以通过评分表、等级评定等方式将学生的表现转化为具体的评价分数或等级,从而更加客观地衡量学生的学习成绩和水平。

评价指标应符合实际教学情况和评价需求,能够在实践中得到有效应用。在音乐课堂中,评价指标需要根据课程设置、学生特点和教学目标等因素进行合理设计,确保评价体系的实用性和可操作性。评价指标的选择和设计还需要考虑教学资源和条件的限制。教师应根据学校的教学设施、师资力量、课程设置等实际情况,合理确定评价指标,确保评价体系的现实可行性和有效性。

（4）简约性原则

简约性原则要求评价体系尽量简化和精练,避免冗长和复杂,以提高评价的易用性和实用性。评价指标应当简洁明了,避免使用过多的技术术语和复杂的表达方式。例如,在评价学生的音乐表现能力时,可以使用简单直观的词汇描述,如"节奏准确性""音色表现"等。精简指标体系,突出关键指标和核心要素,避免过多地涉及次要指标,这样可以提高评价体系的专注度和准确性,减少评价过程中的干扰因素。

评价指标的数据获取应当简便高效,能够提高评价体系的使用效率和操作便捷性。教师可以利用现代技术手段,如在线问卷调查、电子评分表等,来收集评价数据,提高信息的获取率和准确性。及时收集评价数据,并根据数据结果进行反馈和调整,以不断提升评价体系的使用效率和操作便捷性,这样可以确保评价体系与教学实践的紧密结合,更好地指导学生的学习和发展。

评价指标应当注重关键因素和核心要素,抓住评价的关键点。例如,在评价学生的音乐表现能力时,可以重点关注音乐技巧的掌握程度、情感表达的深度和音乐创造力的发展等核心要素。不断优化评价体系的结构,使之更加简洁明了,这样可以提高评价体系的有效性和可操作性,为教师的教学实践提供更好的指导和支持。

3. 主要内容

(1) 教师跨学科教学知识维度测试

一是评价教师掌握的专业知识和学科知识,包括音乐学科知识以及与其他学科相关的知识等显性知识。二是评价教师的教学经验、教学技巧和教学策略等方面的隐性知识,以及对学生的理解和教学方法的灵活运用等。

(2) 教师跨学科教学能力维度测试

一是评价教师的教学能力,即课堂管理、教学组织、学生引导等方面的能力。二是评价教师的教学认知能力,即教师对学生学习过程的认识和理解能力,包括教师对学生思维发展、学习方式和学习策略的了解程度。三是评价教师的教学设计能力,即教师设计教学活动和课程的能力,包括课程结构设计、教学资源选择、任务设计等方面。

(3) 教师跨学科教学思想维度测试

一是评价教师的跨学科教学态度,即评价教师对跨学科教学的意愿,包括对跨学科教学的认可程度、对跨学科教学的重视程度等。二是评价教师的跨学科教学信念,即评价教师对跨学科教学的观念,包括教师对跨学科教学效果的期待、对跨学科教学价值的认知等。

三、强化学习视角下的教学策略建构

(一) 整合课程资源

1. 锚定核心素质,整合跨学科课程的多样资源

在音乐课堂中,教师可以通过开展跨学科学习并甄选课程内容,将零散的内容化为有机的组织。第一,将音乐与其他学科结合,如历史、文化、语言、科学等,让学生在音乐学习中获得更广泛的知识和技能。第二,根据课程目标和学生需求,精心挑选课程内容,确保内容的相关性和有效性。第三,将不同学科的内容整合为有机的结构,帮助学生理解各个学科之间的联系,并能够将所学知识应用到实际生活中。

2. 利用信息技术营造新型的教学环境

利用多媒体技术,为学生呈现丰富多彩的音乐教学内容,激发学生的兴

趣和好奇心。利用互联网资源,让学生在课堂上获取更广泛、更详细的信息,拓宽他们的视野和知识面。建立在线学习平台,为学生提供学习资源和交流平台,促进师生之间的互动和合作。信息技术的应用可以打破传统教学的局限,创造更加灵活、多样的教学环境,激发学生的学习兴趣和创造力。

(二) 设置真实情境

设置真实情境是强化学习视角下的重要教学策略。这一策略可以打破传统应试教育的束缚,让学生从生活中感受音乐的魅力,激发他们的学习兴趣和创造力。

传统应试教育往往脱离学生的生活实际,压抑学生的自然天性,忽视学生的生命经验,导致学生所学知识的片面、僵化、静态。因此,我们需要打破这种束缚,让学生从真实生活中汲取音乐的灵感和能量。教师可以设计与学生实际生活更贴合的主题,结合文化现象、热点话题、人文思想、科技活动等方面,让学生能够在音乐中感受到生活的美好和多彩。比如,结合当下社会的热点话题,引导学生探讨音乐在当代社会中的角色和意义。教师可以通过深入了解传统音乐,如各地区各民族的民歌等,让学生增强对中华文化的认同感,体会中华优秀传统文化的博大精深。

通过以上策略,我们可以构建一个真实而丰富的音乐教学环境,让学生从中获得深刻的体验和启发,激发他们对音乐的兴趣和热爱,同时提升他们的综合素质和学习能力。在这样的教学环境中,学生将更加积极主动地参与学习,发挥自己的潜能,实现个人和集体的共同进步。

(三) 设计跨学科活动

设计跨学科活动是一种有效的教学策略。通过此方式,我们可以促进学生全面发展,提升他们对音乐的理解和热爱,并培养其跨学科学习能力。

将跨学科设计的着力点放在音乐语言的学习和实践上是至关重要的。教师应充分理解音乐语言的特点和运用规律,并通过实践性活动增加学生对音乐的热爱,培养他们使用音乐语言进行创作的能力。例如,教师可以组织学生进行音乐创作比赛,让学生通过实际操作,体会音乐语言的魅力和创造力。丰富多彩的活动可以促成以问题为导向、以跨学科任务活动为媒介的学习系统,进而促进学生增强对跨学科大概念的认知和领悟。例如,开展音乐剧、问卷调查、讨论会、乐器学习小组等活动,可让学生在实践中感受音乐的美妙和魅力,同时锻炼他们的团队合作和创新思维。音乐剧作为一种新兴的教学活动,将构思故事情节、编写人物台词等工作与音乐学习联系在一起,关联了历史与语文学科。通过参与音乐剧的创作和表演,学生不仅可以展现自身的思考和对文化意涵的理解,还能够提升音乐表达能力和舞台表现力。

（四）转变教学关系

1. 分科教育模式下的学科现状

（1）教师现状

分科教育模式存在着学科之间的壁垒,教师之间也相互了解不足。针对这些问题,需要采取相应的措施,包括促进跨学科交流合作、提升教师的跨学科素养和开发跨学科课程的能力等。

学科之间的壁垒与教师专业知识教学为主的现状导致教师往往只注重本学科的知识教学,缺乏对其他学科的了解和关注,导致跨学科学习的发展受阻。

必须促进跨学科交流合作。学校可以组织跨学科教研活动,让不同学科的教师进行交流与分享,增进彼此的了解和合作。此外,学校需要增加跨学科项目设计,鼓励不同学科的教师共同合作,促进学科之间的融合与交流。面对不同学科的教师之间对彼此了解甚少的现状,学校可以建立跨学科交流平台,为教师提供交流和合作的机会,如定期召开跨学科教研活动、建立跨学科课题组等。鼓励不同学科的教师共同参与专业发展活动,如学术会议、研讨会等,增进彼此的了解和交流。

跨学科学习对教师知识整合能力来说是严峻的挑战。跨学科学习要求教师具备极高的知识整合能力,学校可以开设相关的跨学科培训课程,帮助教师提升跨学科素养。学校还可以组织教师参加跨学科课程设计的培训,提升他们的课程设计和教学能力。

（2）学生现状

跨学科学习面对的问题和任务情境通常具有劣构性(ill-structured)、复杂性、不确定性和开放性,这意味着学生需要具备解决复杂问题的能力,跨越学科边界,综合运用各种知识和技能。

在解决问题的过程中,学生需要主动参与,形成对跨学科学习的独到见解。这需要学生具备批判性思维、创造性思维和解决问题的能力,从而深入理解和应用所学知识。学生之间需要加强合作,针对同一个问题一起讨论研究、交流沟通、相互借鉴,以获得共同发展。

可以采取以下措施帮助学生更好地应对跨学科学习的挑战:第一,引导学生在解决问题的过程中积累跨学科知识和技能。第二,开展合作学习活动,培养学生的合作精神和团队意识。第三,提供丰富多样的学习资源和情境,激发学生的好奇心和探索欲,鼓励他们积极尝试新的学习方式和方法,培养创新精神和解决问题的能力。第四,引导学生反思学习过程中的收获和不足,培养学生的自主学习能力和持续学习意识。

2. 学习共同体的构建

在教学评一体化的音乐课堂中,构建学习共同体是至关重要的,它有助于解决跨学科的课程开发问题,激发教师的动力,促进学生的全面发展。学习共同体的构建对于教师和学生都具有重要意义。从教师层面来看,通过构建学习共同体,教师可以与其他学科教师合作,共同开发跨学科课程,挑战自我,提升跨学科素养。从学生层面来看,构建学习共同体有助于培养学生适应社会生活的能力。学生在共同体中学会独立处理事情、与他人友好共处、勇敢承担义务和责任,这些能力对其未来的社会生活和职业发展至关重要。

为构建学习共同体,对教师来说,一是要与其他学科教师进行合作,共同开发跨学科课程。二是要改变传统的师生关系,能够鼓励学生参与课堂讨论和决策,激发他们的学习热情和创造力。三是要培养学生的自主学习能力,鼓励学生在学习过程中探索和创新,形成独到的见解和思考。这样便能构建一个具有活力和创新性的学习共同体,在其中教师和学生可以共同成长,实现教学评一体化的目标。

(五)反思教学效果

1. 传统时代义务教育体系下的评价

在传统时代的义务教育体系下,评价的特点主要体现在其强调评价结果、凸显评价的甄别和淘汰功能,以及将学习评价的价值矮化和异化。首先是缺失学习的观念。在传统时代的义务教育体系下,评价往往被视为一种单向的过程,主要强调对学生学习成果的检验,而忽视评价与学习之间的相互关系,学生更多地被视为接受知识和信息的对象,而不是主动参与学习过程的主体。其次是结果导向的评价方式。传统时代的义务教育评价更加注重结果,即学生在考试或测验中的得分情况。学校和教师普遍倾向于以学生的成绩来衡量其学习成就,将学生的能力和价值归结为一个数字或等级,而忽视学生的个性特点和潜在能力。再次是对甄别和淘汰功能的强调。在传统时代的义务教育中,评价主要被用作甄别和淘汰学生。通过考试成绩或评级等方式,将学生划分为优秀、中等和差等不同水平。最后,学习评价价值的矮化和异化也是一大特点。评价往往被狭窄地理解为对学生学习成绩的评估,忽视对学生全面发展和综合素质的评价。学校和教师往往将学生的成功与失败归因于其在学科知识上的掌握程度,而忽视学生的创造力、社会责任感、团队合作能力等方面的发展。

2. 跨学科视角下的评价重点

跨学科视角下的评价重点是关注学生的学习成果,这包括学生在跨学科学习中所掌握的知识、技能和能力,以及他们在项目、作业或表现中所呈现出的成果。评价的目的是确保学生达到预期的学习目标。

跨学科视角下的评价关注学生的学习动机、学习策略、思维能力等方面,帮助他们发展自主学习的能力,激发学习的兴趣和潜力。跨学科评价强调将评价嵌入学习的全过程,这意味着评价不仅发生在学习的最后阶段,还贯穿于整个学习过程中。评价应该与教学相结合,从课程设计、教学实施到学习成果展示,全方位地关注学生的学习情况,并及时调整教学策略,以满足学生的学习需求。跨学科评价强调及时的反馈和指导,教师在学生学习的每个阶段提供反馈和指导,帮助他们及时发现和纠正错误,提高学习效率和成果。

3. 整合性评价的构建

构建整合性评价是关键一环,因为它不仅关注学生在音乐领域的学习成果,还要考虑其跨学科学习的综合素质。这种评价方式体现了跨学科学习的综合性、开放性和实践性,有助于教师更全面地了解学生的学习状况和发展情况。

整合性评价的内容应该关注学生的跨学科学习的综合素质,包括知识、技能、情感态度和价值观等方面的发展。这样的评价内容能够更全面地反映学生的学习成果和学习过程,有助于促进其全面发展。评价内容应体现跨学科学习的特点,如综合性、开放性和实践性。评价内容不应局限于单一学科的知识和技能,而是要考虑到不同学科之间的关联和互动,使评价更加贴近学生的实际学习情况。整合性评价涉及的评价主体应该是多元化的,包括音乐教师、其他学科教师、学生个人、家庭、社会、学校管理人员、班主任、专家等。每个评价主体都能够从不同的角度和维度对学生的学习情况进行评价,使评价更加全面客观。不同评价主体之间应该进行协同合作,共同为学生的评价提供支持和指导。音乐教师和其他学科教师可以共同制定评价标准和指标,学生和家长可以参与评价过程,学校管理人员和专家可以提供评价的参考意见和建议。

整合性评价包括多学科的综合评价和单一学科的评价,评价方式可以包括考试、项目作业、口头报告、实践表现等多种形式,以便全面了解学生的学习情况。教师可以通过观察学生的学习表现、与学生进行交流互动,以及建立学习共同体等方式,记录学生的核心素质发展历程,作为评价的依据。学生的自我评价也是整合性评价的重要组成部分。教师可以鼓励学生对自己的学习情况进行评价和反思,帮助他们认识到自己的优势和不足,进而制订学习计划和目标,促进个人成长和发展。

四、营造良好的教学文化氛围

(一)激发动机

1. 三种动机

在教学评一体化的音乐课堂中,营造良好的教学文化氛围是至关重要的,而激发学生的三种动机——联结、强化和观察学习,则是实现这一目标的重要手段。

通过联结动机,教师可以帮助学生建立与音乐的情感联系、人际联系以及与课程内容的联系。这可以通过三种方式实现:第一,鼓励学生分享自己的音乐经历和喜好,以及与音乐相关的故事或情感,从而建立起师生之间的情感纽带。第二,创造合作学习的机会,让学生在小组或合唱团中共同创作音乐作品,促进学生之间的合作与交流。第三,将音乐与其他学科或社会议题相结合,帮助学生理解音乐在不同社会背景下的意义与作用,从而增强他们对音乐的认同感。

强化动机在音乐课堂中的应用主要体现在对学生学习成果的认可与奖

励上。首先,对学生的表现进行积极的反馈与肯定,包括口头表扬、奖励证书或小礼物等形式,激励他们继续努力学习。其次,设立音乐比赛或提供演出机会,让学生有机会展示自己的才华与努力,从而增强他们的学习动力。最后,提供个性化的学习目标和挑战,根据学生的兴趣和能力设置不同的学习任务,让每个学生都能获得成就感。

通过观察学习动机,教师可以激发学生对音乐的好奇心和探索欲望,从而促进他们的自主学习。学校应该提供丰富多样的学习资源,如音乐视频、音乐会现场录像、音乐家访谈等,让学生通过观察他人的表演和实践经验来学习。

2. 模范帮扶

通过模范帮扶来营造良好的文化氛围,有助于促进学生之间的合作与互助,提升整体学习效果。寻找具有模范作用的"标兵"学生,组成一对一互补小组和帮扶小组,每个小组内制订详细的互助和帮扶计划是模范帮扶的常见举措。

教师可以通过观察和评估学生的表现,寻找到在音乐方面表现突出、乐于助人、能够成为他人榜样的"标兵"学生。这些"标兵"学生不仅在音乐技能上有一定的造诣,更重要的是他们具有良好的学习态度、团队意识和领导能力。将"标兵"学生与其他学生组成一对一的互补小组,以便他们能够相互帮助、学习和进步。同时,教师也可以组建帮扶小组,由"标兵"学生担任组长,带领其他学生共同学习、讨论和解决问题。

(二)卸下标签

营造良好的文化氛围需要关注到学生的个体差异和心理健康,尤其是对于弱势学生被贴上标签的情况。弱势学生被起外号或贴标签,反映了社会成员对其的认知,这种现象不仅可能影响学生的自尊心和学习积极性,也会影响整个教学环境的和谐与稳定。

可以运用个案工作法,与弱势学生展开一对一的会谈,帮助学生重新找回自我。通过与学生的深入交流,了解他们的内心感受和困扰,帮助他们认识到自己的价值和潜力,树立自信心。鼓励班主任和班干部主动与被贴标签的学生交流,关心他们的心理健康和学习情况,提供必要的支持和帮助。还可以通过小组班会、宣传活动等方式加强宣传教育,营造和谐互助的校园氛围,倡导尊重、理解、包容和互助的价值观念。

(三) 摒弃消极、激发潜能

1. 摒弃消极

营造积极的文化氛围对学生的学习和成长至关重要。通过摒弃消极，我们可以帮助学生克服个人无力感，实现个人与社会环境的双向改变。

个人的无力感往往源于外部环境对其产生的负面影响，如社会压力、同伴排挤等。这种感觉可能导致学生消极情绪的产生，影响其学习和生活。在音乐课堂中，学生可能表现出负面评价、消极思维和无效运动的行为。他们可能对自己的能力产生怀疑，不敢展示自己的才华，甚至放弃努力。

这意味着我们不仅要帮助学生克服自身的困难，还要努力改变教学环境和社会环境，创造更加有利于学生成长的氛围。我们的目标是使学生摒弃消极思维，树立积极的人生态度，从而更好地应对学习和生活中的挑战。为实现这一目标，我们可以采取以下措施：通过鼓励、支持和肯定，帮助学生建立积极的自我认知和自我评价，树立自信心，克服消极情绪。针对学生的不同需求和能力水平，提供个性化的学习支持和辅导，确保每个学生都能得到充分的发展机会。倡导尊重、理解和包容的学习氛围，消除学生之间的歧视和排斥，让每个学生都感受到被接纳和尊重。通过小组合作、互助学习等方式，培养学生的团队合作精神和互助意识，让他们学会相互支持、共同进步。鼓励学生表达自己的想法和感受，尊重他们的个性和价值观，给予他们展示才华的机会，激发他们的学习热情和创造力。为学生提供丰富多样的学习资源和指导，帮助他们掌握必要的知识和技能，提高学习成绩，增强自信心。

2. 激发潜能

在教学评一体化的音乐课堂中，激发学生潜能并营造良好的文化氛围是至关重要的。可以将有无力感的学生聚集在一个小组中，通过小组作业的方式，为他们提供一个相互支持、共同成长的环境。活动可以包括座谈、讨论、游戏、角色扮演等形式，旨在激发学生的兴趣和活力，促进他们的交流和合作。通过活动，鼓励学生分享彼此的优点和特长，也让他们听到他人对自己的正面评价，从而激发自我认知和自信心。还可以让小组内成员轮流担任活动组织者和领导者，独立规划和组织活动，培养他们的自主学习能力和团队合作精神。

第四章　结论与展望

第一节　研究成果总结与归纳

一、教学评一体化有利于提高学生的综合能力

（一）音乐鉴赏能力

1. 客观鉴赏能力

在音乐风格分辨力方面，教学评一体化可以帮助学生更好地理解音乐的体裁和形式。通过教师的指导和评价，学生在学习不同音乐作品时，可以学会区分不同的音乐风格，如古典音乐、流行音乐、民族音乐等。

在音乐风格对比与分析方面，教学评一体化可以帮助学生理解音乐与文化、社会、人物情感等方面的关系。通过教学评价的引导，学生可以学会对比分析不同音乐作品所反映的文化背景、社会现状以及人物情感。学生通过比较古典音乐和流行音乐在音乐表达、情感传递方面的差异，还能深入了解不同音乐风格所代表的文化内涵和情感体验。

2. 主观鉴赏能力

教学评一体化可以激发学生的学习兴趣和主动性，由此提高学生的主观鉴赏能力。通过教师的引导和评价，学生可以学会主动地去聆听、分析和欣赏各种类型的音乐作品。教师通过设计多样化的教学活动，如音乐欣赏、音乐会观摩、音乐创作等，可以激发学生对音乐的热爱和探索欲望，培养其主动发现美的能力。

在音乐风格倾向与喜好方面，教学评一体化可以帮助学生建立自己的音乐审美观。通过教学评价的引导，学生可以逐渐了解自己对不同音乐风格的倾向和喜好，并对音乐的固定风格作批判性思考。学生在批判过程中分析不同音乐风格的特点、表现形式以及文化内涵，可以逐渐形成较为全面

和理性的音乐鉴赏观。

而在批判思维方面,教学评一体化可以培养学生的批判性思维和分析能力。通过教师和教学评价的引导,学生可以学会对音乐作品进行批判性思考,分析其音乐结构、表现手法、意义内涵等方面的优缺点。

由此可见,教学评一体化在提高学生主观音乐鉴赏能力方面发挥着重要作用。通过主动鉴赏音乐、培养音乐风格倾向与喜好及培养批判思维等方面的教学与评价相结合,可以有效提高学生的主观音乐鉴赏能力,促进其全面发展和个性成长。

(二)知识建构能力

1. 整理碎片化知识

学生在学习中往往接触到大量的音乐素材、音乐理论知识和技能,但这些知识往往呈现碎片化的状态,学生难以将其系统地整合和运用。教学评一体化的理念强调教学和评价的有机结合,教师在教学过程中可以通过多种评价手段,如课堂表现评价、作业评价等,及时发现学生对音乐知识的掌握情况,进而有针对性地进行教学调整。通过不断地反馈和指导,学生能够逐渐将碎片化的音乐知识整理、归类,形成更为系统和完整的知识结构。

2. 发现音乐共通性

音乐作为一种艺术形式,具有其独特的表现方式和风格特点,但在不同的音乐作品之间也存在着一些共通的元素,如音高、节奏、和弦等。教学评一体化的模式能够促使学生从多个角度去审视和分析音乐作品,发现其中的共性规律。通过比较不同类型、不同风格的音乐作品,学生可以逐渐领悟到音乐创作的普遍规律和内在逻辑,进而提升音乐思维能力和抽象思维能力。

3. 建立能力树和知识体系

在教学评一体化的指导下,学生不是被动接受知识,而是被鼓励主动参与到知识的构建和整合过程中来。教师可以通过引导学生进行探究式学习、项目式学习等方式,激发学生的学习兴趣和主动性,培养其批判性思维和问题解决能力。通过建立能力树,将音乐知识按照不同的层次和领域进行分类和组织,帮助学生逐步建立起自己的知识体系,这样的教学模式不仅有助于提高学生的知识构建能力,还能够培养学生的终身学习能力和自主学习能力。

4. 转化知识为技能

知识构建能力的提升并不仅仅停留在对知识的理解和掌握上,更重要的是能够将知识转化为实际的技能。在教学评一体化的框架下,教师可以通过任务驱动的教学设计,让学生在实际的音乐创作、演奏和表演中运用所学知识,将其转化为实际的技能。通过不断的实践和反思,学生能够逐步提高其音乐表现能力和创造能力,形成自己独特的音乐风格和个性。

(三)思维迁移能力

1. 连点成线:小环节到大章节

教学评一体化可以帮助学生将零散的音乐知识和技能串联起来,形成一个完整的学习体系。教师可以通过设计渐进式的教学内容和任务,使学生从简单的音乐元素和技巧开始,逐步深入理解和掌握复杂的音乐概念和表现技巧。通过不断的练习和反馈,学生能够逐步建立起对音乐的整体认识,提高思维的连贯性和系统性。

2. 发散思维:多元评价形式,通过他人启发自己

教学评一体化的模式允许教师采用多种评价手段和形式,如课堂表现评价、作业评价、同学互评等,这为学生提供了更多的思维启发和反馈机会。在课堂上,教师可以组织学生进行小组讨论、合作演奏等活动,通过与同学的交流和合作,激发学生的发散思维和创造力。此外,学生还可以通过观摩他人的表演和作品,从中获得启发和借鉴,促进自己思维的跳跃和转化。

3. 归纳总结:从各种情境之中提取普遍性因素,得出自己的个性化结论

教学评一体化的理念要求学生不仅要掌握和运用具体的知识和技能,更要从中提炼出普遍性的规律和原则。学生可以通过分析不同类型、不同风格的音乐作品,发现其中的共性特征和演绎规律;通过归纳总结,逐步建立起自己对音乐创作和表演的个性化理解和认识,形成自己独特的音乐风格和审美观点。

(四)自主学习能力

1. 为自己的学习负责

学生在学习过程中更加主动地承担责任,并为自己的学习结果负责。

在音乐教学中,学生可以通过自我评价和教师的反馈来了解自己的学习状况,发现问题并及时调整学习策略。学生意识到自己对学习的负责,会更加努力地去学习,不断提高自己的音乐水平和表现能力。

2. 与教师和其他同学的积极交流

教学评一体化的模式鼓励学生与教师和其他同学进行积极交流。在音乐教学中,学生可以向教师请教疑难问题,寻求指导和建议,也可以与同学分享自己的学习心得和经验,相互促进、共同进步。通过交流合作,学生能够拓展自己的思维,开阔视野,更好地理解和掌握音乐知识和技能。

3. 制定学习目标

学生被鼓励制定明确的学习目标,并努力实现这些目标。在音乐教学中,学生可以根据自己的学习需求和兴趣,制定个性化的学习目标,如提高演奏技巧、深入理解音乐理论等。通过制定学习目标,学生能够更加明确地了解自己的学习方向和目标,有针对性地进行学习,提高学习效率。

4. 在选择过程中有自主意识

教学评一体化的模式鼓励学生在学习过程中保持自主意识,根据自己的需求和兴趣进行选择。在音乐教学中,学生可以根据自己的喜好选择学习内容和学习方式,如选择感兴趣的音乐作品进行学习、选择适合自己的学习方法等。通过在选择过程中保持自主意识,学生能够更好地发挥自己的潜能,提高学习积极性和主动性。

(五)多元自我发现

1. 对自身的优点和长处的认知

在音乐教学中,学生通过参与各种音乐活动,如合唱团、乐队、独奏等,可以发现自己在音乐领域的天赋和特长。教师通过及时的评价和反馈,帮助学生认识自己的优势所在,并鼓励他们进一步发挥和巩固这些优点。通过这样的过程,学生能够更加自信地面对自己,建立起积极的自我认同感。

2. 对自身做出正确而客观的评价

学生通过参与各种评价活动,如自我评价、同学互评、教师评价等,反思自己的学习过程和成果,发现自己的不足之处并寻求改进。教师通过提供具体的评价和建议,引导他们确定合适的学习计划和目标。通过这样的过程,学生能够建立起客观的自我认知,增强自我调节和改进的能力。

3. 找到自己的特殊位置

教学评一体化的模式鼓励学生在学习环境中找到自己的特殊位置,充分发挥自己的潜能和特长。在音乐教学中,要让学生参与各种音乐活动和项目,如创作、演奏、表演等,展现自己独特的音乐才华和个性,从而找到适合自己的发展路径,实现自我成长。

二、教学评一体化有利于提高教师的教学能力

(一)音乐教学与文化的连接

1. 重塑义务教育音乐教学中的教师角色

教学评一体化的模式要求教师不仅仅是知识的传授者,更要扮演引导者和组织者的角色,积极促进学生对文化的理解和认同。在教学评一体化的实践中,教师不仅要注重学生的音乐技能和表现能力,更要关注学生对音乐文化的理解和体验。教师通过组织音乐欣赏活动、讲解音乐作品的背景和意义等方式,引导学生深入探究音乐文化的内涵和特点,从而促进学生对文化的认同和自觉。

2. 从文化理解到文化自觉的主体意识建设

教学评一体化的模式要求教师在教学过程中注重学生的主体地位,激发他们的自主学习和思维能力。教师在教学过程中要不断引导学生从音乐作品中感受和理解文化的内涵,培养他们对文化的自觉意识。通过开展音乐文化研究、讨论音乐作品的文化背景等活动,教师能够帮助学生逐步建立起对文化的自觉认同和理解,使其成为具有文化情怀和自觉意识的主体。

3. 从西洋到本土的多元文化背景的话语体系转换

教学评一体化的模式对西方文化与本土文化的对话和融合有重要的推动作用。在音乐教学中,教师要有倾向地引导学生从不同的文化角度去理解和欣赏不同国家、地区和民族的音乐作品。通过比较分析不同文化背景下的音乐作品,让学生体验和理解不同文化之间的交流与融合,从而提升学生的跨文化交流和理解能力。

(二)音乐专业核心素养

1. 专业素养

教师能够在长期积累中具备更完善的专业素养。第一,准确生动、声情并茂的歌唱能力,能够生动地演绎音乐作品,激发学生的情感共鸣和表现欲

望。第二,良好的识谱能力,能够准确地阅读、理解和演奏乐谱,为学生提供专业指导和示范。第三,丰富的舞蹈技能,能够展示多种舞蹈形式,并具有示范性,激发学生的舞蹈兴趣和创造力。第四,自弹自唱、即兴伴奏等器乐技能,能够在教学中为学生提供生动、丰富的音乐体验和示范。

2. 文化艺术素养

教师能够提升不同方面的文化艺术修养。第一,一定的绘画能力,能够通过绘画作品展现音乐作品的情感和内涵,激发学生的创造力和想象力。第二,舞蹈表演能力,能够通过舞蹈作品传递音乐的节奏和情感,丰富教学内容,激发学生的舞蹈兴趣。第三,文学修养,能够理解和解读音乐作品中的文学内涵,引导学生进行音乐文学的欣赏和分析。第四,戏剧表演能力,能够通过戏剧形式演绎音乐作品,激发学生的戏剧情感和表现欲望。第五,一定的历史知识,能够理解和解读音乐作品的历史背景和文化内涵,为学生提供专业指导和解读。第六,了解音乐在不同地理环境下的发展和演变,能够引导学生了解音乐与地理环境的关系,拓宽学生的音乐视野。

3. 反思与激励能力

在教学评一体化的影响下,教师将进一步具备对个人教学实践的反思能力,能够不断总结经验、发现问题,并进行有效改进和提升;能够尊重学生的个性差异,关注和理解每个学生的音乐体验和需求,通过鼓励,激发学生的学习兴趣和动力。

(三)音乐教学的实践转化

1. 增强对音乐的多重认知和理解

教师在教学过程中不断增强对音乐的多重认知和理解,其关注点不仅在传授音乐知识和技能,还在引导学生从不同的角度去理解和欣赏音乐,如音乐的历史背景、文化内涵、表现形式等。教师通过多元化的教学方法和资源,帮助学生深入探究音乐的多重意义和价值。

2. 转化的基础:以学生为中心

教学评一体化的模式强调以学生为中心,注重培养学生的自主学习能力和实践能力。对学生的个性特点和学习需求的注重成为教师教学的起点,教师在教学中能够灵活运用不同的教学方法和手段,激发学生的学习兴趣和潜能。通过以学生为中心的教学方式,教师能够更好地促进学生对音乐知识和技能的实践转化,提高教学效果和学生学习成效。[①]

3. 转化的路径:母语与外语相结合的教学方式

教学评一体化的模式鼓励教师采用母语与外语相结合的教学方式,促进学生对音乐的深入理解和应用。通过母语讲解音乐理论和技巧、外语演示音乐作品和演奏技巧,教师能够帮助学生更好地理解和掌握音乐知识和技能,最后达到提高学生对音乐的认知水平和实践能力、促进音乐教学的实践转化的目的。

4. 完善转化保障:多元评价

运用多元评价的方式对学生进行评价是教学评一体化的显著优势,它不仅面对学生,也能促进教师的全面和个性化发展。通过多元评价,教师能够更加全面地了解自身的教学情况和发展状况,获得有针对性的指导和支持,促进音乐教学的实践转化。

(四)文化环境与教学

1. 对音乐课程内容的理解和掌握

首先是准备工作。教师在进行音乐教学前,需要进行充分的准备工作,包括对教材进行深入分析、考虑学生的学情特点、设定明确的教学目标。其次是内容组织。教师应根据教学目标和学生的实际情况,合理组织音乐课程内容,确保内容的系统性和连贯性。再次是策略选择。教师应根据学生的学习特点和教学环境的实际情况,灵活选择教学策略,以促进学生的积极参与和有效学习。最后是课程实施。在教学实施过程中,教师应注重引导学生主动参与,创设丰富多样的学习情境,提升学生的学习效果和体验感。

2. 确立育人和文化传承目标

音乐教育不仅是培养学生音乐技能的过程,更是育人和传承文化的过程。教学评一体化的模式要求教师在教学过程中注重培养学生的审美情趣和文化素养,促进学生对音乐文化的传承和发扬。

3. 规划教学内容

教学评一体化的模式要求教师合理规划音乐教学内容,包括内容理解、选择和重难点甄选。教师应根据学生的学习需求和教学目标,选择合适的

[①] 穆加兴.馆校结合育人价值及其实践转化的个案研究[D].上海:华东师范大学,2023.

音乐教材和内容,突出教学内容的重难点,以提高教学效果和学习效果。

4. 教学路径

教学评一体化的模式注重音乐多样性的内容表征和实践活动。教师应通过多样化的教学路径,如音乐欣赏、音乐创作、音乐表演等,促进学生对音乐的全面认知和实践能力的培养,提升其音乐素养和审美能力。

5. 教学保障

教学评一体化的模式要求教师采用多元评价的方式对学生进行评价,确保学生核心素质的达成。教师应通过多种评价方法,如考试评价、作品评价、表现评价等,全面评价学生的音乐素养和学习成果,为其提供有效的反馈和指导。[1]

三、教学评一体化有利于升级评价体系

(一)评价体系目标化

教学评一体化的评价体系立足于中国教育部颁布的义务教育艺术课程标准,明确音乐教育的目标和要求。从学生的学习目标来看,评价体系应涵盖学生对音乐的认知、音乐基础技能、音乐的情感共鸣以及对不同音乐风格的态度等方面,确保评价的全面性和客观性。从知识内容来看,评价体系应涵盖教学内容中的具体音乐风格与题材,以及具体的歌曲学习,确保评价与教学内容的贴合度和准确性。

评价体系的设计应根据学习目标、学习内容和学习活动进行,确保评价的有效性和准确性。评价设计应以学习目标为导向,明确评价内容和评价标准,确保评价与学习目标的一致性和合理性。在此基础上,根据学习内容的不同特点和层次进行衔接,结合教学活动,综合运用各种评价方法和工具,全面评价学生的学习情况和学习效果。评价设计还要与学习活动相配套,通过观察、记录、测试、讨论等方式,及时收集评价信息,为教学调整和提升提供依据和支持,从而促进音乐教学的质量和效果的提升。

(二)评价内容具体化

理解学习目标是教学评一体化对教师的要求,教师将明确知道学生应该掌握的音乐知识、技能和情感体验。这需要教师对教育部颁布的音乐课

---

[1] 穆加兴.馆校结合育人价值及其实践转化的个案研究[D].上海:华东师范大学,2023.

程标准有清晰的认识,并根据标准中规定的学习目标来进行教学设计和评价规划。教师在进行音乐教学评价时,要对教材进行全面分析,了解每个单元或课时的教学内容和目标。通过深入分析教材,教师可以更好地把握教学的重点和难点,为评价内容的具体化提供有力支持。教师还要对音乐知识概念进行深入分析,明确每个概念的内涵和外延,以便能够准确评价学生对这些概念的掌握程度和运用能力。

针对音乐教学的具体内容和学习目标,教师可以设计多种评价方式和工具,包括口头表现、书面作业、课堂测试、实践表现等。通过这些评价方式,教师可以全面了解学生的学习情况和水平,为后续教学提供依据。教学评一体化还强调评价内容的多样性和灵活性,教师可以根据学生的不同特点和学习需求,灵活选择适合的评价方式和工具,确保评价的全面性和客观性。在评价过程中,教师要更加注重对学生的个性发展和全面素质的培养,除了对音乐知识和技能的评价,还应该关注学生的情感体验和审美情趣,通过评价反馈,激励学生自主学习,提高其综合素质。

(三)评价的持续跟踪

1. 将学习活动作为分析材料

学习活动是评价的重要依据之一,教学评一体化将学习活动作为分析材料,有助于更全面地了解学生的学习情况和水平。教师对音乐知识的讲授是音乐教学的重要环节之一,通过观察学生在知识讲授环节的学习情况,可以评价他们对音乐知识的掌握程度和理解能力。此外,音乐教学常常通过合作学习的形式进行,教师可以通过观察学生在合作学习中的表现,评价他们的团队合作能力和沟通技巧。

2. 将学习活动的结果作为评价指标

学习活动的结果是评价的重要指标之一,通过评价学习活动的结果,可以更准确地了解学生的学习状况和表现。评价学习活动的结果可以帮助教师了解学生对音乐知识的掌握情况、音乐技能的运用情况以及音乐表达能力的发展情况,评价学习活动的结果还可以评价学生在音乐教学活动中的参与情况,包括主动参与、积极合作、表现出的热情等。

3. 阶段性学习后的长期跟踪

教学评一体化强调评价的持续性和动态性,因此在学习活动的不同阶段结束后,需要进行长期的跟踪评价,以了解学生的学习发展情况和变化趋势。在每个学习阶段结束后,教师应对学生的学习情况进行评价,总结学习成果和问题,为下一阶段的教学和评价提供参考。

(四)更完善的评价标准

1. 多指标的科学评价体系

教学评一体化的评价体系应该包括对学生音乐知识掌握情况的评价,这包括音乐理论知识、音乐史知识、音乐作品分析等方面。评价标准可以根据教育部颁布的义务教育音乐课程标准来设定,以确保评价的科学性和准确性。除了知识方面,评价体系还应该包括对学生音乐技能的评价,这包括唱歌、演奏乐器、音乐创作等方面。评价标准可以从技能的准确性、表现力、艺术感染力等方面来考量,以评价学生的核心素养是否得到提升。音乐教育旨在培养学生的情感体验和审美情趣,因此评价体系还应该包括对学生情感态度的评价,这包括学生对音乐作品的情感共鸣程度、对音乐表达形式的理解和欣赏等方面。

2. 评价结果的价值

调整学习状态和学习方法是教学评一体化的重要效果。评价结果可以帮助学生及时调整学习状态和学习方法,发现和解决学习中的问题,提高学习效率和学习质量。评价结果可以为特定学生的专项提升提供依据和支持。针对学生在音乐知识、音乐技能、情感态度等方面的不足之处,教师可以有针对性地进行个性化辅导和指导。根据学生在不同方面的评价结果,教师可以有针对性地制订个性化的学习计划和教学方案,满足学生的学习需求和兴趣特点。

(五)更多元的评价方式

1. 评价工具

教学评一体化借助信息记录工具来收集和整理学生的学习情况和表现,这包括学生作业、课堂笔记、课堂讨论记录等,通过信息记录可以全面了解学生的学习进展和问题,为教学调整提供依据。还可以利用数据分析工具对学生的学习数据进行统计和分析,以发现学生的学习特点和规律。通过数据分析,可以及时发现学生的学习困难和问题,为教学改进提供科学依据。通过表格记录学生的学习成绩和表现是教学评一体化最常见的评价形式，包括考试成绩、作业成绩、课堂表现等。通过表格记录，可以清晰地了解学生的学习情况和表现，为教学评价提供客观依据。

2. 评价方式

教学评一体化并不排斥传统的口试和笔试评价方式，这是音乐教学中常用的评价方式之一。通过口试和笔试，可以评价学生对音乐知识和技能的掌握程度，以及其对音乐作品的理解和欣赏能力。此外，教学评一体化倡导学生参与评价过程，自评是其中的一种重要方式。学生可以对自己的学习情况进行反思和评价，发现自己的不足之处，并制订改进计划，提高学习效果。除了自评之外，互评也是教学评一体化的重要组成部分。学生之间可以相互评价和反馈，分享学习经验和方法，促进共同进步。

第二节　研究存在的问题与改进建议

本研究的不足是缺乏跟踪研究，若想要进一步探索教学评一体化在当今的作用效果，需要加上长期追踪调查的环节作为对理论的验证。例如，选择某校两个不同班级作为实验组和对照组，并在一个学年内严格施行教学评一体化。首先需要对调查对象的行为、态度和教学事件进行客观记录。教师可以通过多种方式记录学生的行为和态度，如观察记录、学习档案、学习日志等。通过记录学生在音乐学习过程中的表现和反应，可以全面地了解他们的学习进展、困难和需求。同时，可以记录教学事件，包括教学活动的设计、实施过程以及学生的反馈。这些记录可以为后续的分析提供数据支持，帮助教师更好地调整教学策略，促进学生的学习。其次是对调查者提供的资料进行过滤。在进行长期追踪研究时，调查者的主观因素可能会影响到研究结果的客观性和准确性。因此，需要对调查者提供的资料进行认真分析和过滤，排除主观偏见的影响。教师应当保持客观、中立的态度，尽量避免个人情感和偏见对研究结果的影响。最后，还要通过多种方式提高研究的客观性，如采用多种数据收集方法、多位研究者共同参与等，得出能够达成理论研究目的的相应实践经验。长期追踪研究的最终目的是为理论研究提供实践经验和支持。通过对调查对象行为、态度和教学事件的客观记录以及对主观因素的过滤分析，可以得出一系列实践经验,这些经验可以为理论研究提供有力的支持和指导。同时,理论研究也可以为音乐教学评一体化的实践提供借鉴和参考,促进教学理论与实践的相互提升。

第三节 未来展望与发展方向

一、及时反馈环境

教学评一体化在义务教育音乐课堂中的应用有望塑造一个能够及时反馈各类信息的环境。目前义务教育的课堂现代技术使用还停留在传统阶段,缺少能够使教学评一体化被高效利用的智能化设备。除了技术层面,教学方法与内容的改革也能促进及时反馈环境的构建。

获得反馈的途径是构建及时反馈环境的关键。传统的音乐教学中,教师主要依靠课堂观察和学生表现来获取反馈,但这种方式往往不够全面和准确。教学评一体化通过引入视频捕获设备、计算机程序、平板电脑与App等现代技术手段,实现对学生演奏、唱歌等音乐表现的录制和分析,从而更加客观地了解学生的表现,并及时给予反馈。对反馈的训练是构建及时反馈环境的重要环节。学生需要培养接受反馈的能力,即学会从反馈中获取有效信息,并做出相应调整。同时,学生还应该学会利用反馈,将其转化为改进自己音乐表现的动力和资源。此外,有效反思是构建及时反馈环境的基础。学生在接受反馈之后,需要进行深入反思和总结,分析自己的不足之处,并制订改进计划。这种训练、反馈、循环训练的过程,有助于学生不断地提高自己的音乐表现水平。为教学设计布题模块、教学评量模块和报表模块等工具也可以帮助教师更好地构建及时反馈环境。教学设计布题模块可以帮助教师设计更具针对性的教学内容和活动;教学评量模块可以帮助教师对学生的表现进行全面评估;报表模块则可以帮助教师及时记录和分析学生的学习情况,为教学提供数据支持。

教学评一体化的理念结合现代技术手段和有效的反思活动,可以构建一个有别于传统的、全新的及时反馈环境。这种环境不仅可以为学生提供更加个性化、全面的学习支持,也可以为教师提供更加科学、精准的教学指导,促进音乐教学质量和效果的提升。

二、多元心理环境

多元心理环境是对教学的开端与发展具有制约和控制的空间,是一种包含多种元素的环境系统,具有教育引导、激励鼓舞、娱乐放松、美育等功能。在教学评一体化的理论框架之中,心理环境是不可或缺的部分,其所构成的"无形空间"是教学活动开展的心理基础。

人际关系是构建多元心理环境的基础。在传统的音乐教学中,师生之间的关系往往比较单一,学生的参与度和积极性可能受到限制。通过教学评一体化,可以促进校园组织者之间的合作与交流,搭建起一个共同发展的平台。同时,重视师生之间的互信和尊重,建立起良好的师生关系,是构建多元心理环境的关键。人际关系决定了课堂心理氛围,课堂心理氛围反过来又有助于多元心理环境的营造。在音乐教学中,课堂氛围应该符合学生的身心发展需求,能够培养良好且默契的师生关系,同时保持同学之间的关系融洽。教与学的关系是构建多元心理环境的关键。在教学评一体化的框架下,学生应该被赋予更多的主动性和自主权,充分发挥自己的主观能动性。而教师的制约和调控作用,则是为了保证学生在探索学习的过程中不偏离正确的方向。

教学评一体化的理念为全新的课堂构建了一个舒适而和谐的多元心理环境,对教师的工作效率与学生的学习效率有不可小觑的影响力。多元心理环境不仅能够促进师生之间的互信和合作,还可以营造出一个积极、活跃的学习氛围,激发学生的学习兴趣和参与度,从而促进音乐教学质量和效果的提升。

主要参考文献

陈娟娟.表现性评价在小学美术教学中的应用[J].新课程导学,2023(34):43-46.

赵岩,孔志杰,黄贤明.初中"后建构"课堂教学评价的设计与探索[J].理科考试研究,2024,31(6):2-5.

李廖娜.高校民歌演唱教学策略创新与实践——评《中国民歌经典作品演唱指导》[J].应用化工,2024,53(1):1671-3206.

孙树敏.高校音乐教育对大学生人格塑养的影响作用初探[J].戏剧之家,2014(11):80.

刘敏.高中音乐鉴赏"教、学、评"一体化设计研究[D].呼和浩特:内蒙古师范大学,2022.

仲崇英.初中美术发展性教学评价的探索研究[J].初中生世界,2020(44):55-57.

胡建华.关于提高音乐教育专业综合教学观念的几点认识[J].天津音乐学院学报,2001(3):46-49.

穆加兴.馆校结合育人价值及其实践转化的个案研究[D].上海:华东师范大学,2023.

潘学宁.核心素养视域下初中民歌教学研究[D].呼和浩特:内蒙古师范大学,2023.

李小举.基于FMPCK框架的我国初中民族音乐教学研究[D].长春:东北师范大学,2022.

姚文改,丁香红.基于核心素养的教学评一体化设计——研读课程标准所附相关案例的启示[J].中学历史教学参考,2023(34):62-65.

盛虹.基于"教学评一致性"的初中音乐"大单元"教学设计策略——以

《多彩的汉族民歌》为例[J].新课程评论,2022(1):103-111.

  李思佳.基于"教学评一致性"的初中音乐课堂教学实践探究[C]//中国智慧工程研究会智能学习与创新研究工作委员会.2022教育教学与管理南宁论坛论文集(三).成都:成都棠湖外国语学校,2022:5.

  肖莉莎.基于教学评一致性的小学音乐课堂教学评价[J].亚太教育,2023(20):137-140.

  张顺清."教、学、评一致性"与"教、学、评一体化"的起源和含义[J].中学化学教学参考,2019(13):4-5.

  彭洪莉.教师跨学科教学素养测评指标体系构建研究[D].重庆:西南大学,2021.

  徐骞,周丽娜,沈南山."教学评"一体化教学设计方法与案例分析[J].理科考试研究,2023,30(22):15-17.

  冯国蕊,韩月,曹亚光,等."教—学—评"一体化视角下的课堂评价:实践样态与教师理解[J].创新人才教育,2024(1):53-60.

  邱丽平.核心素养视域下初中音乐跨学科融合教学研究[D].金华:浙江师范大学,2023.

  张艺凡.跨学科融合在初中音乐教学中的策略研究[D].重庆:西南大学,2021.

  卢光超.跨学科学习视域下的高中文言文教学策略研究[D].重庆:西南大学,2023.

  张秀凤.国测导向下县域小学音乐教学评一致性的实践研究[J].教育信息化论坛,2017(2):50-51.

  罗新仪,许冰.核心素养视域下教学评一体化大单元音乐教学探究[J].中国音乐教育,2023(3):53-60.

  季碧薇.基于"教—学—评"一体化的初中音乐教学研究——以《嘎达梅林》的教学为例[J].教育界,2023(30):122-124.

  倪美燕.浅谈表现性评价在美术欣赏教学中的应用[J].智力,2021(25):35-36.

  张雪云."三新"背景下高中音乐"教—学—评"一体化教学策略[J].名师在线,2023(35):88-90.

李慧.深度学习理念下高中音乐鉴赏教学实践研究[D].漳州:闽南师范大学,2023.

边桂荣.以学生为主体的音乐教学理论与实践探索[D].济南:山东师范大学,2006.

张浩程.以生为本,跨度有方——指向核心素养的小学音乐跨学科教学实践探索[J].小学教学参考,2024(9):45-47.

张裕千.小学音乐教学中培养学生音乐文化与情感素养的策略[J].小学生(中旬刊),2024(3):88-90.

杨乃馨.小学音乐"教学评"一体化的探索实践[D].扬州:扬州大学,2023.

周志峰,卫爱国.学校社会工作视角下高校学生学习动力提升路径研究[J].成才之路,2024(5):25-28.

胡文续.向学生"借力",压力变动力[J].班主任,2024(1):53-55.

王映佳."双减"视域下小学一年级音乐课堂"教学评"一体化实践探究[J].家长,2023(17):110-112.

尹笠琦.新课标背景下的小学音乐跨学科教学研究[N].科学导报,2024-03-19(B2).

施萍.智能技术赋能小学音乐教育"教—学—评"一体化的思考——以歌曲教学《西风的话》为例[J].安徽教育科研,2023(22):90-92.

图书在版编目(CIP)数据

义务教育音乐课堂实践：基于教学评一体化的研究／彭靖著. -- 上海：上海社会科学院出版社，2024.
ISBN 978-7-5520-4546-8

Ⅰ. G633.951.2

中国国家版本馆 CIP 数据核字第 2024S54E55 号

义务教育音乐课堂实践——基于教学评一体化的研究

著　　者：彭　靖
责任编辑：包纯睿
封面设计：杨晨安
出版发行：上海社会科学院出版社
　　　　　上海顺昌路 622 号　邮编 200025
　　　　　电话总机 021-63315947　销售热线 021-53063735
　　　　　https://cbs.sass.org.cn　E-mail:sassp@sassp.cn
照　　排：南京理工出版信息技术有限公司
印　　刷：上海颛辉印刷厂有限公司
开　　本：710 毫米×1010 毫米　1/16
印　　张：12.25
插　　页：1
字　　数：190 千
版　　次：2024 年 11 月第 1 版　2024 年 11 月第 1 次印刷

ISBN 978-7-5520-4546-8/G·1359　　　　　　　定价:68.00 元

版权所有　翻印必究